¡VAMOS DE FIESTA!

A Harcourt Spanish Reading Program

SORPRESAS Y FIESTAS

AUTORES

Alma Flor Ada • F. Isabel Campoy • Juan S. Solis

CONSULTORA

Angelina Olivares

Harcourt

Orlando   Boston   Dallas   Chicago   San Diego

Visita *The Learning Site*

www.harcourtschool.com

¡Sorpresas y fiestas!

Querido lector:

¿Alguna vez has soñado con resolver un misterio en tu vecindario? ¿Has imaginado cambiar el clima con dibujos? ¿En alguna ocasión te has preguntado cómo se forma el arco iris?

En **Sorpresas y fiestas**, conocerás varios personajes que se divierten con sus familiares y amigos transformando la realidad con ayuda de la imaginación. Sin duda, disfrutarás de historias interesantes. ¡Sólo tienes que leerlas!

Atentamente,

Los Autores

¡Con imaginación!

CONTENIDO

Estrategias de lectura   **8**

Presentación del tema   **10**

Los favoritos de los lectores   **12**

Ficción realista/Estudios sociales 🌐
Playa Iraida   **14**
Texto de Merari Fierro
Ilustraciones de Ramón Villegas
    Conoce a la autora y al ilustrador

Prueba tu destreza
Claves de contexto   **26**

Ficción realista/Estudios sociales 🌐
Las locas ganas de imaginar   **28**
Texto de Beatriz Ferro
Ilustraciones de Maribel Suárez
    Conoce a la ilustradora

Prueba tu destreza
Realidad y fantasía   **46**

Fantasía/Artes del lenguaje ✏️
Querido señor Arándano   **48**
Texto e ilustraciones de Simon James
    Conoce al autor e ilustrador
Gráfica/Ciencias 🔬
¡Qué grandes son las ballenas!   **70**

Ficción realista/Estudios sociales 🌐
El cordoncito   **74**
Texto de Vicente Leñero
Ilustraciones de Cecilia Lemus
y Emilio Watanabe
    Conoce al autor y a los ilustradores

Ficción realista/Estudios sociales 🌐
La frescura de Ali   **100**
Texto e ilustraciones de
Nancy Poydar
    Conoce a la autora e ilustradora

Artículo de revista/Ciencias 🔬
¡Aclimátate!   **116**
Texto de Lynn O'Donnell

Conclusión del tema   **122**

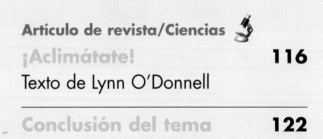

La banca
del parque

Camilón,
comilón
Texto de Ana María Machado
Ilustraciones de Iván Valverde

El secreto
de Perejil
Texto de Laura Fernández
Ilustraciones de
Joel Rendón

ANTHONY REYNOSO
CHARRO POR TRADICION

BY MARTHA COOPER & GINGER GORDON

TEMA
Vivimos juntos

4

CONTENIDO

Presentación del tema **124**

Los favoritos de los lectores **126**

Ficción realista/Estudios sociales
La banca del parque **128**
Texto de Fumiko Takeshita
Ilustraciones de Mamoru Suzuki
   Conoce a la autora y al ilustrador

Obra de teatro/Estudios sociales
**El misterio del
Parque del Pino** **146**
Texto de Tracey West
Ilustraciones de Mary GrandPre'
   Conoce a la autora y a la ilustradora

Artículo de revista/Estudios sociales
¡Un nido reciclado! **162**
Tomado de *Kid City*

Ficción realista/Estudios sociales
El secreto de Perejil **166**
Texto de Laura Fernández
Ilustraciones de Joel Rendón
Prueba tu destreza **Resumir** **178**

Fantasía/Estudios sociales
Camilón, comilón **180**
Texto de Ana María Machado
Ilustraciones de Iván Valverde

Narrativa personal/Estudios sociales
**Anthony Reynoso:
Charro por tradición** **198**
Texto de Martha Cooper
y Ginger Gordon
   Conoce a las autoras
Prueba tu destreza
Idea principal **216**

Conclusión del tema **218**

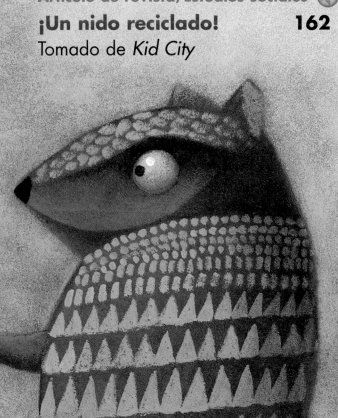

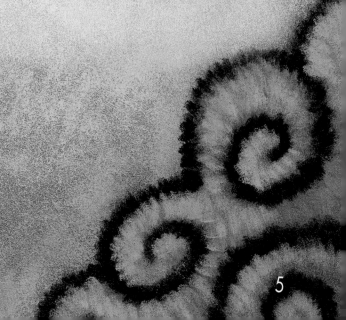

5

T E M A

VÁMONOS DE VIAJE

CONTENIDO

Presentación del tema   **220**

Los favoritos de los lectores   **222**

Cuento/Estudios sociales

**Monterino en
alta mar**   **224**

Texto e ilustraciones de
John Himmelman
   Conoce al autor e ilustrador

Prueba tu destreza
Causa y efecto   **240**

Biografía/Estudios sociales
Ruth Law asombra
al país 278
Texto e ilustraciones de Don Brown
  Conoce al autor e ilustrador

Poesía
La última sonrisa 296
Poema de Lee Bennett Hopkins

Cuento/Ciencias
El arco iris 300
Texto de María de los Ángeles
Cabiedes
Ilustraciones de Carolina Kerlow

Conclusión del tema 314

Glosario 316

Índice de autores 327

Ficción realista/Ciencias
Renata y su gato 242
Texto de Aline Pettersson
Ilustraciones de Rodrigo Ponce
  Conoce al ilustrador

Ensayo
Las formas del agua 254

Fantasia/Estudios sociales
Un viaje fantástico 258
Texto de Joma
Ilustraciones de Jotavé
  Conoce a la ilustradora

Prueba tu destreza
Análisis estructural:
sufijos 276

Estrategias
de lectura

Una estrategia es un plan que te ayuda a hacer algo bien.

Durante la lectura, puedes usar estrategias para comprender mejor el cuento. Primero **observa el título y las ilustraciones.** Luego, **piensa en lo que quieres saber.** Si aplicas estas estrategias, podrás llegar a ser un mejor lector.

Consulta la lista de estrategias de la página 9. Aprenderás a usarlas cuando leas los cuentos de este libro. Consulta la tabla en cada lectura para recordar las **estrategias adecuadas.**

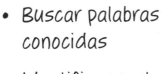

Estrategias de los buenos lectores

- Buscar palabras conocidas
- Identificar partes de palabras
- Autocorregirse
- Hojear el cuento
- Releer en voz alta
- Usar claves visuales para confirmar el significado

- Hacer predicciones y confirmarlas
- Observar la secuencia de sucesos/Hacer un resumen
- Crear imágenes mentales
- Analizar el contexto para confirmar el significado
- Releer
- Hacer inferencias

Para asegurarte de que has comprendido la lectura, ten en cuenta los siguientes consejos:

✔ Copia la lista de estrategias en una tarjeta.

✔ Usa la tarjeta como separador en tu lectura.

✔ Al terminar la lectura, habla con un compañero acerca de las estrategias que usaste.

¡Con imaginación!

CONTENIDO

Playa Iraida   **14**
Merari Fierro

Prueba tu destreza
Claves de contexto   **26**

**Las locas ganas
de imaginar**   **28**
Beatriz Ferro

Prueba tu destreza
Realidad y fantasía   **46**

**Querido señor
Arándano**   **48**
Simon James

**¡Qué grandes son
las ballenas!**   **70**

El cordoncito   **74**
Vicente Leñero

La frescura de Ali   **100**
Nancy Poydar

¡Aclimátate!   **116**
Lynn O'Donnell

Los favoritos de los lectores

Pin, pin, sarabín
de Alma Flor Ada
Canciones
Muchas rondas y juegos infantiles, tradicionales de América Latina, para divertirse ¡con mucha imaginación!

El príncipe de las ranas
de Viví Escrivá
Fantasía
Olmo guardó muchas ranas en una ponchera y eso no le gusta nada a la reina de las ranas, así que ha mandado llamar a Olmo.

Guillermo Jorge Manuel José
de Mem Fox
Ficción realista
Un niño que tiene cuatro nombres y ni siquiera es muy grande quiere ayudar a Ana, una viejita, a recuperar la memoria.

COLECCIÓN DE LECTURAS FAVORITAS

Julieta y su caja de colores
de Carlos Pellicer López
Ficción realista
Cuando Julieta recibió de regalo una caja de colores, no imaginó qué tanto iba a poder divertirse…

El gallo de bodas
de Lucía M. González
Cuento fantástico
Camino a la boda de su tío, un gallito necesita ayuda. ¿Quién podrá limpiarle el pico?

Playa

Texto de Merari Fierro • Ilustraciones de Ramón Villegas

14

Iraida

Mi hermano David y yo somos casi de la misma edad. Casi siempre andamos juntos para todos lados. Incluso nos parecemos tanto físicamente que a cada rato nos preguntan si somos gemelos. Cuando eso pasa, respondemos casi al mismo tiempo: "no, nos llevamos un año exacto." Y es que nacimos en el mismo mes pero de distinto año.

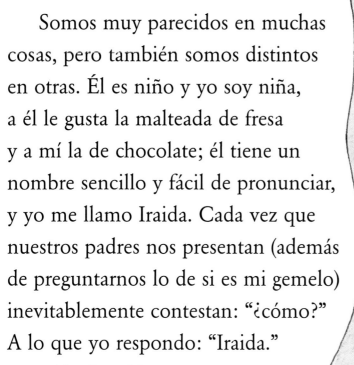

Somos muy parecidos en muchas cosas, pero también somos distintos en otras. Él es niño y yo soy niña, a él le gusta la malteada de fresa y a mí la de chocolate; él tiene un nombre sencillo y fácil de pronunciar, y yo me llamo Iraida. Cada vez que nuestros padres nos presentan (además de preguntarnos lo de si es mi gemelo) inevitablemente contestan: "¿cómo?" A lo que yo respondo: "Iraida."

–Ah, Senaida.

–No, I-rai-da.

–Ah, sí, I-lai-da.

–No, con r.

–¿Irraida?

Es una escena que ocurre muchísimas veces, pero que en realidad no me molesta tanto. Algún día mi nombre no será tan desconocido y pasará con él lo mismo que con tantos otros; será un nombre fácil de pronunciar como lo es Javier o Lucía.

Cuando David tenía ocho años y yo siete, más
que el asunto de nuestros nombres, nos preocupaba
qué iba a pasar con nuestras vacaciones de verano.
Esa mañana nuestros padres nos habían dicho que
no podríamos salir de vacaciones a la playa. David
y yo nos fuimos al cuarto, y allí nos quedamos
durante una hora entera.

De pronto, David se me quedó viendo y me dijo: "Ya, Iraida, no te preocupes, así es la vida". Yo lo miré con cara de "no entiendo de qué me hablas". Y David se puso a reír de mi cara. Yo entonces inflé las mejillas y también mi nariz en lo que intentaba ser una cara de sapito pensativo; luego hice una de hipopótamo y para terminar, imité la voz del mosquito morado que oímos el otro día en el radio. Seguimos riéndonos, hasta que nos calmamos.

Luego, tomé la pelota que pensábamos llevar para jugar en la playa y... y de pronto David se levantó y gritó: "¡se me ocurre una genial idea!". Me dijo que buscara los trajes de baño, los salvavidas, las cubetas y las palas para hacer los castillos de arena, las toallas y todo lo que necesitáramos para ir a la playa; mientras tanto, él conseguiría otras cosas. Dijo que nos veríamos en el cuarto de estudio en cuanto cumpliera con mi parte del plan. Le hice caso a mi hermano, después de todo es el más grande, aunque los dos hayamos nacido en mayo.

Cuando encontré todo lo que me pidió fui directo al cuarto de estudio, abrí la puerta y me encontré con una sorpresa: ¡La playa se había metido al estudio! David dibujó en unas cartulinas unas nubes enormes, y las recargó en el escritorio de mi papá. En el suelo estaban las colchas café claro que parecían arena fina; junto a ellas estaba el mar hecho de varias sábanas azules y verdes, y nadando en ellas puso a nuestro delfín inflable. La sombrilla estaba en una esquina y la lámpara del techo era nuestro sol resplandeciente. Cuando me vio me dijo abriendo los brazos: "¡Bienvenida a Playa Iraida!"

En ese momento llegó mi madre y vio lo que habíamos hecho. Al ver su cara de sorpresa, por un momento pensé que el esfuerzo de David no serviría de nada, pero entonces mi madre nos abrazó a los dos, diciendo que era una genial idea. Fue por su vestido de playa y se tendió a vernos jugar con las olas.

Al poco rato, mi padre llegó. Nos vio a los tres disfrutando de un día soleado, levantó el dedo tal como lo hace cuando nos va a explicar algo y exclamó: "¡qué gran idea!". Y fue por su ropa de playa para después reunirse con nosotros.

Ese fue un día increíble. Cuando la puesta de sol acabó y se hizo de noche, mis padres nos pidieron que arregláramos el cuarto de estudio. Estuvimos de acuerdo, levantamos la playa y la guardamos en nuestro baúl de recuerdos.

Desde entonces, nuestros padres nos han llevado a muchos lugares de vacaciones, hemos conocido ciudades y paisajes extraordinarios, pero nunca olvidaremos aquellas vacaciones en "Playa Iraida".

Piénsalo

1 ¿En qué crees que se parecen David e Iraida?

2 Describe la forma de ser de Iraida, ¿te pareces en algo a ella?

3 ¿Crees que la imaginación de David fue útil al final de la historia?, ¿por qué?

CONOCE A LA AUTORA

CONOCE AL ILUSTRADOR

Merari Fierro

Ramón Villegas

❝Siempre me ha gustado leer cuentos, sobre todo los que relatan historias con mucha imaginación.

Comencé a escribir a los 18 años, pero *Playa Iraida* es mi primer cuento para niños. Me gustó mucho escribirlo porque me acordé de cómo nos divertíamos mi hermano y yo cuando éramos niños.

Si deseas escribir un cuento, sólo necesitas tener algo que contar, pero sobre todo, practicar y leer lo que más te guste.❞

❝Nací en Mexicali, Baja California. Fui un niño gordito que usaba pantalones cortos, saco y corbata. Me gustaba el béisbol y me encantaba imaginar personajes o historias para dibujarlos o crearlos en plastilina.

Cuando ilustro cuentos me imagino cómo me gustaría ver las ilustraciones si yo fuera un niño.

Playa Iraida me recordó cómo jugábamos mi hermana y yo a crear un bosque con un río de cobijas y montañas de cartón.❞

Taller de

Érase una vez

ESCRIBE UN CUENTO

David e Iraida convierten sus vacaciones en una gran aventura. Escribe un cuento donde relates una situación parecida. Para contar tu historia, responde las siguientes preguntas:

1. ¿Cómo empezó?

2. ¿Cuál fue el suceso más importante?

3. ¿Cómo terminó?

Escribe en una hoja cada pregunta con su respuesta. Incluye todos los detalles. Al final, ponle un título y lee la historia a tus compañeros.

actividades

Imaginar no cuesta nada

HAZ UNA LISTA

El cuarto de estudio de los papás de David e Iraida se convirtió en una playa en donde pasaron las mejores vacaciones de su vida. Haz una lista de todo lo que utilizaron para convertir el estudio en una playa. ¿Qué otras cosas agregarías tú?

Claves de contexto

Al leer un cuento puedes encontrar palabras que no entiendes. Las **claves de contexto** son pistas que te ayudan a comprender el significado de esas palabras. Si lees con atención los enunciados que están cerca de tales palabras y observas las ilustraciones encontrarás claves.

Vuelve a leer el siguiente enunciado de "Playa Iraida":

"...a cada rato nos preguntan si somos gemelos."

¿Qué significa la palabra **gemelos**?

Los siguientes enunciados del cuento te dan las claves para averiguarlo:

"...Nos parecemos tanto físicamente..."

"...nacimos en el mismo mes pero de distinto año."

"Somos muy parecidos..."

Estos enunciados te dicen que creen que son **gemelos** porque se parecen mucho. Por tanto, la palabra **gemelos** te habla de hermanos que son muy parecidos pero que, a diferencia de David e Iraida, nacieron en el mismo día del mismo mes y del mismo año.

Siempre que encuentres una palabra que no comprendas, busca claves en las ilustraciones y en las demás palabras o enunciados de la lectura.

¿QUÉ HAS APRENDIDO?

Vuelve a leer la página 20 de "Playa Iraida" y busca la palabra *tendió*. Ahora revisa la ilustración de la página 22.

❶ ¿Qué significa *tendió* en la lectura?

❷ ¿Qué claves te ayudaron a descifrar el significado correcto?

INTÉNTALO • INTÉNTALO

Por parejas, busquen en el cuento otra palabra que desconozcan. Comenta con tu compañero cuáles son las palabras, enunciados o imágenes que pueden ayudarlos a encontrar el significado de la palabra nueva.

Las locas ganas

de imaginar

Texto de Beatriz Ferro • Ilustraciones de Maribel Suárez

Un día Juan encontró una ramita larga y derecha y la llevó a su casa.

—¿Saben qué es esto? —les preguntó a su hermano y a su hermana, al perro y al gato.

Las voces, los ladridos y los ronroneos contestaron:

—Es una rama.

—No —dijo Juan—. Es una caña de pescar.

Y se sentó a orillas de un río invisible
y pescó las locas ganas de imaginar.

—¿Saben qué es esto?
—volvió a preguntar.

—Una caña de pescar.

—No —dijo Juan—. Es una
lanza para derrotar a los monstruos.

La hermana y el hermano,
el perro y el gato, pusieron
verdes caras de monstruos
y cayeron despatarrados,
con la lengua afuera.

—¿Saben qué es esto?
—siguió preguntando.

—Una lanza para derrotar
a los monstruos.

—No. Es un bastón de pastor.

El hermano y la hermana,
el perro y el gato brincaron,
saltaron y treparon y fueron las
cabritas de Juan.

—¿Saben qué es esto?

—Un bastón de pastor.

—No. Es una vara de equilibrista.

La hermana y el hermano,
el perro y el gato se comieron
las uñas de los nervios
mientras Juan hacía equilibrio,
tan alto y sin red.

—¿Saben qué es esto?

—Una vara de equilibrista.

—No. Es un caballo más rápido
que el rayo.

El hermano y la hermana,
el perro y el gato relincharon
y salieron al galope, las crines
al viento, detrás del caballo
que montaba Juan.

—¿Saben qué es esto?

—Un caballo.

—No. Es un espantapájaros.

Al hermano y a la hermana,
al perro y al gato, les crecieron alas
y se echaron a volar espantados.

—¿Saben qué es esto?

—Un espantapájaros —piaron
la hermana y el hermano,
el perro y el gato.

—No. Es la palmera del oasis
que está en medio del desierto.

La hermana y el hermano,
el perro y el gato
bajaron de sus camellos,
comieron dátiles,
tomaron mucha agua
y aprovecharon
para descansar.

40

—Pero, ¿qué es esto?
—preguntó la mamá, que acababa
de entrar.

—¿No ves? Es una ramita
—contestaron todos.

—No —dijo la mamá—.
Es una barrera, y está baja
porque viene el tren.

Entonces la mamá, Juan, el hermano
y la hermana, el perro y el gato,
todos agarrados, formaron un tren.

Un tren que se va y se fue.

Que se ve cada vez más chiquito
y no sabe a dónde irá a parar
porque salió de una estación
llamada Las Locas Ganas
de Imaginar.

Piénsalo

1 ¿Cuáles fueron las tres primeras
cosas en que se convirtió la
ramita?

2 ¿En qué otras cosas convertirías
la ramita?

3 ¿A dónde crees que fue a parar el
tren que formó la familia de Juan?

Maribel Suárez

Cuando yo era niña no me gustaba quedarme quieta. Hacía, con mis hermanas, casas en el árbol y me encantaba dibujar. Me gustaban mucho los libros, buscaba sobre todo los que estaban ilustrados.

Un día, visitando la exposición anual del Royal College of Art en Londres, donde estudiaba, al ver los trabajos de ilustración decidí que quería dedicarme a ilustrar libros para niños.

Lo que más me gustó del cuento Las locas ganas de imaginar es que habla del mundo sin límites que nos da la imaginación.

Cuando mis tres hijos eran pequeños, dibujaban junto conmigo y eran mis principales porristas.

43

Taller de

¿Saben qué es esto?

HAZ UNA REPRESENTACIÓN

Juan pescó las locas ganas de imaginar con una ramita. ¿Qué harías tú si encontraras la misma ramita?

En equipos de tres o más compañeros consigan una ramita. El que tenga la rama en sus manos preguntará: "¿Saben qué es esto?" Y los demás responderán, como en el cuento, "es una rama".

Entonces el que tenga la rama contestará "No. Es un....", y podrá decir lo que imagine que sea la ramita. Los demás compañeros

actuarán tal como lo hizo la familia de Juan.

La ramita pasará de mano en mano hasta que todos hayan tenido su turno.

actividades

Una rama viajera

DIBUJA UN TREN

La madre de Juan imaginó que la ramita era un tren. Tú también puedes hacer un tren de palabras. En una hoja dibuja un tren, y en cada vagón escribe cada una de las cosas en que se convirtió la ramita. No olvides utilizar muchos colores y dibujar el paisaje por donde va pasando el tren.

Realidad y fantasía

Lee nuevamente los siguientes enunciados de "Las locas ganas de imaginar":

- *"Un día Juan encontró una ramita larga y derecha y la llevó a su casa."*

- *"Y se sentó a orillas de un río invisible y pescó las locas ganas de imaginar."*

¿Cuál de estas acciones crees que puede ocurrir realmente? Es posible que alguien se encuentre una ramita y la lleve a su casa; sin embargo, es imposible que alguien se siente a la orilla de un río invisible.

En los cuentos aparecen acciones que pueden ocurrir en la vida cotidiana; éstas pertenecen a la realidad. En cambio, hay otras que no corresponden a la vida real; éstas son acciones fantásticas.

Al leer un cuento, pregúntate si lo que estás leyendo puede suceder realmente o no, y de este modo podrás encontrar la diferencia entre realidad y fantasía. Esto te servirá para comprender mejor la historia.

¿QUÉ HAS APRENDIDO?

1. Vuelve a leer la página 38 de "Las locas ganas de imaginar". ¿Crees que los sucesos de esta página ocurrieron realmente? ¿Por qué?

2. Lee de nuevo "El día que fue de noche". Si en este cuento hubiera ocurrido un eclipse de sol, ¿sería ésta una historia real o de fantasía?

INTÉNTALO • INTÉNTALO

Vuelve a leer "El gato palomero" y "¡Qué sorpresa de cumpleaños!" Piensa en los sucesos de cada cuento y haz una lista de los hechos que son reales y otra de los que son fantásticos. Compara tu lista con la de un compañero.

Lecturas favoritas
Libro sobresaliente
en Ciencias

Querido Sr. Arándano

Texto e ilustraciones de SIMON JAMES

Querido señor Arándano:

Me encantan las ballenas y creo
que hoy he visto una en mi estanque.
Por favor, envíeme un poco
de información sobre las ballenas,
pues creo que podría estar herida.

Besos
Emilia

Querida Emilia:

Aquí tienes algunos datos sobre las ballenas. Creo que con esto te darás cuenta de que lo que has visto no es una ballena, pues las ballenas no viven en estanques sino en agua salada.

Con afecto, tu maestro.

Sr. Arándano

52

Querido señor Arándano:

Ahora todos los días, antes de ir a la escuela, pongo sal en el estanque y anoche vi sonreír a mi ballena. Creo que se siente mejor. ¿Cree que andará perdida?

Besos
Emilia

Querida Emilia:

Por favor, no pongas más sal en el estanque. Estoy seguro de que a tus padres no les va a gustar.

Yo diría que lo que hay en tu estanque no puede ser una ballena porque las ballenas no se pierden. Incluso en el océano siempre saben dónde están.

Con afecto.

Sr. Arándano

Querido señor Arándano:

Esta noche me siento feliz porque he visto a mi ballena saltar y arrojar grandes cantidades de agua.
Parecía azul.

¿Significa esto que podría ser una ballena azul?

Besos
Emilia

P.D. ¿Con qué puedo alimentarla?

Querida Emilia:

Las ballenas azules son azules y se alimentan de animales diminutos que viven en el mar. De todos modos debo decirte que una ballena azul es demasiado grande para vivir en tu estanque.

Con afecto.

Sr. Arándano

P.D. ¿No será tal vez un pez de color azul?

Querido señor Arándano:

Anoche le leí su carta a mi ballena. Después me dejó acariciarle la cabeza. Fue muy emocionante.

A escondidas le llevé cereales y migas de pan. Esta mañana vi el estanque ¡y ya no había nada!

Creo que podría llamarle Berta. ¿Qué le parece?

Besos
Emilia

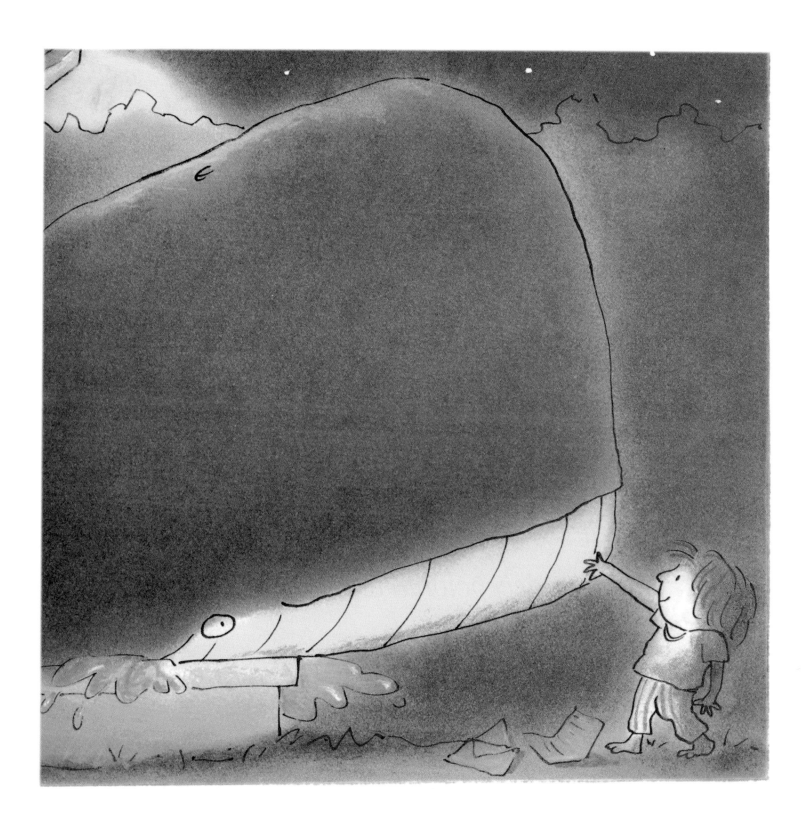

Querida Emilia:

Debo señalarte, esta vez un poco enérgicamente, que no es posible que una ballena viva en tu estanque. Debes saber que las ballenas son migratorias, lo cual significa que recorren grandes distancias cada día.

Siento decepcionarte.

Con afecto.

Sr. Arándano

Querido señor Arándano:

    Esta noche estoy un poco triste. Berta se ha ido. Creo que entendió su carta y ha decidido ser migratoria otra vez.

Besos
Emilia

Querida Emilia:

No estés tan triste, por favor. Era realmente imposible que una ballena viviera en tu estanque. Quizá cuando seas mayor querrás navegar por los océanos estudiando y protegiendo a las ballenas conmigo.

Con afecto.

Sr. Arándano

Querido señor Arándano:

¡Hoy ha sido el día más feliz de mi vida! Fui a la orilla del mar y ¿qué cree? ¡vi a Berta! La llamé y sonrió. Supe que era Berta porque me dejó acariciar su cabeza.

Le di un poco de mi sándwich y nos dijimos adiós.

Le grité que la quería mucho y, espero que no le importe,

le dije que usted también
la quería.

Besos
    Emilia (y Berta)

Piénsalo

1 ¿Qué aprendió Emilia sobre las ballenas?

2 ¿Te gustaría tener una ballena como mascota?
¿Por qué?

3 ¿Qué tan diferente sería esta historia si en su
estanque Emilia hubiera visto un pececillo
en vez de una ballena?

Conoce al autor e ilustrador
Simon James

Simon James fue granjero, vendedor, gerente de un restaurante y oficial de policía. De hecho, Simon James ha tenido ¡catorce trabajos diferentes! Ahora se dedica a escribir e ilustrar libros infantiles y a dar clases cerca de su casa. Le gusta enseñar a los niños a divertirse mientras hacen barullo y al mismo tiempo expresan sus ideas.

Visita *The Learning Site*
www.harcourtschool.com/reading/spanish

69

¡Qué grandes son las ballenas!

La ballena narval macho tiene un diente muy grande. Bueno, ¡en realidad es enorme!

Cuando nacen, las orcas tienen la piel negra con manchas amarillas. Al crecer, estas manchas amarillas se vuelven blancas, como las de sus padres.

Las ballenas jorobadas son famosas por su canto.

0   10   20   30   40   50   60

Longitud en pies

Las ballenas no tienen dientes. Para alimentarse abren su hocico y, como si fuera una red, atrapan todo tipo de animales pequeños.

La ballena azul es más grande que cualquier dinosaurio. Estas ballenas pueden vivir hasta ochenta años.

En "Querido señor Arándano", Emilia se da cuenta de que las ballenas son demasiado grandes para vivir en su estanque. Conoce más acerca del tamaño de las ballenas en "¡Qué grandes son las ballenas!"

Piénsalo
¿En qué se parecen estas ballenas?

70   80   90   100

Taller de Actividades

¡Contesta pronto! Escribe una carta

1. Imagínate que Emilia ve otro animal en su patio. ¿Qué animal es?

2. Trabaja con un compañero para escoger un animal. Busquen información sobre ese animal en sus libros de ciencias o en el CD-ROM de la enciclopedia.

3. Escribe una carta a tu compañero acerca del animal. Uno representará el papel del señor Arándano y el otro el de Emilia.

Pide a tu compañero que lea la carta.

Estimado señor Arándano:
...na jirafa en mi patio.
...y tiene un ...y largo. ¿Por qué ...rafas tienen cuellos ...n largos?

Querida Emilia:
Las jirafas tienen cuellos muy largos para comer las hojas de las ramas d... los árbol...

Libros sobre mascotas Haz un folleto

La ballena de Emilia podría ser una mascota muy interesante. ¿Qué mascota te gustaría tener?
Haz un folleto sobre mascotas.

1. Dibuja en una hoja el animal que consideres una buena mascota para ti.

2. Completa el siguiente enunciado y escríbelo debajo de la ilustración:

_____ **sería una buena mascota porque** _____.

3. Haz tres o cuatro páginas como ésta para incluirlas en tu folleto.

4. Elabora una portada y ponle un título.

5. Une las páginas.

Muestra a tus compañeros tu folleto de mascotas.

73

El cordoncito

Queridos lectores:

Les voy a contar un cuento parecido
o igual a uno que leí o me leyeron
cuando yo fui niño, alguna vez.

El autor

Texto de Vicente Leñero ● Ilustraciones de Cecilia Lemus y Emilio Watanabe

—Ve a buscar fortuna —dijo doña Paquita a su hijo Paquito una mañana en que hacía mucha hambre en casa de doña Paquita.

—¿Qué busco? —preguntó Paquito cuando ya estaba con los dos pies en la calle.

—Fortuna —repitió doña Paquita—. Y no regreses hasta que la encuentres.

Doña Paquita dio un portazo y Paquito echó a andar barrio abajo.

Anda que andarás, anda que andarás, Paquito descubrió de pronto en el suelo, junto a una coladera, un cordoncito que medía como veinte pulgadas de largo. Lo levantó, lo estiró con las uñas de su mano hecha pico, y se puso a darle de vueltas sobre su cabeza como si fuera la reata de un charro.

Anda que andarás, anda que andarás
y haciendo girar el cordoncito de veinte
pulgadas como si fuera la reata de un charro,
Paquito encontró a su amigo Pepe el Jarocho.

    —¿Qué andas haciendo, Paquito?
—le preguntó Pepe el Jarocho.

    —Ya ves, dándole vueltas a mi cordoncito
—respondió Paquito.

    —¿Y eso para qué? —volvió a preguntar
Pepe el Jarocho.

    —Nomás. Para sentirme contento
—volvió a responder Paquito.

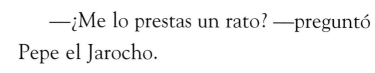

—¿Me lo prestas un rato? —preguntó Pepe el Jarocho.

—No —dijo Paquito—. Mejor te lo cambio por tu trompo.

Discutieron un rato y Pepe acabó entregando a Paquito —a cambio del cordoncito de veinte pulgadas de largo— el viejo trompo que le compró su tío Vicente en el mercado de Morelia.

Anda que andarás, anda que andarás, Paquito encontró frente a la miscelánea[1] a Toro el Gordinflón. Traía una bolsa de corcholatas.[2]

—Te cambio tus corcholatas por mi trompo —le dijo Paquito.

—Y yo para qué quiero tu trompo —dijo Toro el Gordinflón—. Está muy maltratado.

—Es de Morelia —dijo Paquito.

—Sí, pero no tengo cordón.

—Pepe el Jarocho tiene un cordón así de largo —dijo Paquito—. Pídeselo para que puedas bailar el trompo. Con suerte hasta ganas un concurso.

---

[1] **Miscelánea:** tienda pequeña

[2] **Corcholatas:** tapaderas de metal con corcho que se usaban para bebidas embotelladas

Eran cuarenta y dos las corcholatas
que había en la bolsa de papel estraza que
Toro el Gordinflón entregó a Paquito
a cambio del viejo trompo de Morelia.

83

Anda que andarás, anda que andarás, Paquito encontró a Lupe la Greñuda. Estaba arrancando los brazos a su muñeca de trapo.

—Pérate, pérate —la atajó Paquito—. ¿Por qué estás rompiendo tu muñeca? —le preguntó Paquito.

—Porque ya no la quiero —le respondió Lupe la Greñuda.

—Pues te la cambio por mi bolsa
de corcholatas —le dijo Paquito.

—¿Y yo para qué quiero una bolsa
de corcholatas? —repeló Lupe la Greñuda.

—Son cuarenta y dos —explicó Paquito—.
¡Cuarenta y dos corcholatas!

—Bueno, está bien —dijo Lupe
la Greñuda.

Anda que andarás, anda que andarás,
Paquito se encontró con Matildita, la niña
de trenzas que vivía en la vecindad,
en el cinco. Salía corriendo precisamente
de la vecindad con el patín de su hermano
Cuco y casi atropelló a Paquito.

—¿A dónde vas, Matildita?

—Voy a tirar a la barranca el patín de Cuco. Para que se le quite.

—¿Para que se le quite qué? —preguntó Paquito.

—Para que se le quite lo maleducado —explicó Matildita—. Estoy furiosa.

—Mejor te lo cambio por esta muñeca —dijo Paquito—. Se llama Constelación.

—¿Me cambias qué?

—Tu patín. El patín de Cuco... Te lo cambio por Constelación.

Matildita la del cinco agarró la muñeca de trapo. Le gustaron sus ojos verdes, como de yerbabuena.

—¡Sale! —exclamó.

Anda que andarás, anda que andarás, Paquito divisó a Toño Bárcenas el Presumido. Toño pedaleaba duro en su triciclo, pero Paquito, con su patín, lo alcanzó a la mitad de la cuadra.[3]

—Te echo una carrera —le propuso Paquito—. A ver quién llega primero a la panadería.

—Tú ganas —dijo Toño Bárcenas el Presumido—. Así no tiene chiste. En patín siempre se corre más aprisa.

—Pues te lo cambio por tu triciclo.

---

[3] **Cuadra:** calle

90

—No —dijo Toño Bárcenas el Presumido—. Mi triciclo es marca Alianza. Es de una fábrica de triciclos muy importante, de Monterrey.

—Pero es muy lento.

—Eso sí —dijo Toño Bárcenas el Presumido.

—Con el patín no te alcanzará nadie.

—Eso sí —volvió a decir Toño Bárcenas el Presumido. Y después de pensarlo un poquito, aceptó el cambalache.[4]

---

[4] **Cambalache:** intercambio de objetos

91

Anda que andarás, anda que andarás
(mejor dicho, perdón: pedaleando
en el triciclo), Paquito llegó hasta la
camioneta de don Jesús. Don Jesús
se dedicaba a la compraventa de chácharas
y cachivaches.[5] Vio cruzar a Paquito muy
orondo[6] en el triciclo marca Alianza,
como si fuera un niño rico.

---

[5] **Chácharas y cachivaches:** objetos viejos
e inservibles
[6] **Orondo:** orgulloso

—¿No vendes tu triciclo, Paquito?
—le gritó don Jesús.

—No —dijo Paquito.

—Te doy un billete grande —insistió
don Jesús—. Dos.

—No —volvió a decir Paquito, pero
dejó de pedalear y se dio la vuelta.

Paquito y don Jesús se pasaron quince
minutos alegue y alegue.

Paquito regresó a su casa como
a las tres de la tarde. Doña Paquita
estaba en la cocina.

—Ya llegué —dijo Paquito.

—¿Ya llegaste? —preguntó doña
Paquita.

—Sí, ya llegué —dijo Paquito—.
Traje lo que me pediste.

—¿Qué te pedí? —preguntó doña
Paquita.

Paquito ya no tuvo que responder. Su mamá llegó hasta la mesa del comedor y pudo ver la bolsa del mandado, repleta, que Paquito acababa de colocar encima.

—Vaya, menos mal —dijo doña Paquita. Y sonrió.

Piénsalo

1 ¿Qué le pidió doña Paquita a su hijo?

2 ¿Consiguió Paquito lo que le pidió su mamá? Explica tu respuesta.

3 ¿Por qué crees que los amigos de Paquito aceptaron intercambiar sus juguetes?

CONOCE AL AUTOR

Vicente Leñero explica cómo escribió
El cordoncito: "Creo que lo escribí en recuerdo de
las viejas historias que mi hermana Celia me
contaba en el patio de la casa mientras mis
hermanos hacían tortas de lodo que secaban al sol."
Además de *El cordoncito*, Leñero ha escrito otro
cuento para niños. También es autor de varias
novelas, obras de teatro y guiones para televisión.

CONOCE A LOS ILUSTRADORES

Cecilia Lemus ● "Para ilustrar
El cordoncito me acordé del barrio
donde jugaba con mis primos durante
los años que viví en Guadalajara.
Si quieres ilustrar un relato sólo
tienes que buscar un cuento
que te guste; léelo con
calma, imagínatelo
y cuando estés contento y
listo para jugar... dibújalo."

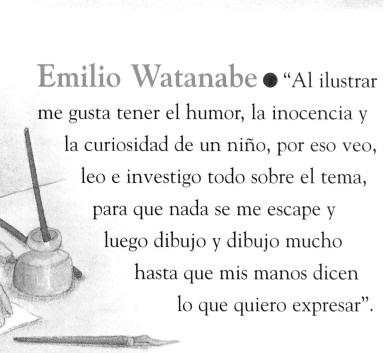

Emilio Watanabe ● "Al ilustrar
me gusta tener el humor, la inocencia y
la curiosidad de un niño, por eso veo,
leo e investigo todo sobre el tema,
para que nada se me escape y
luego dibujo y dibujo mucho
hasta que mis manos dicen
lo que quiero expresar".

Taller de actividades

Un cambio ventajoso

HAZ UN CARTEL

¿Recuerdas cómo consiguió Paquito cada juguete?
Haz un cartel con los dibujos de toda la clase. Dibuja
los objetos que aparecen en el cuento y escribe su
nombre debajo de cada uno. Luego pega tu dibujo
con los de tus compañeros en una cartulina.

¿Quién me cambia un cordoncito?

HAZ UN JUGUETE

Con un cordón y otros objetos sencillos, haz un balero.

Necesitas:

- un cordón de 15 pulgadas
- un envase cilíndrico de jugo de frutas
- una pelota de unicel chica que pase
  por la boca del envase

- pinturas acrílicas
- un lápiz

Cómo hacer tu balero:

1 Lava y seca el envase.

2 Pinta el envase y la pelota de unicel del color que quieras. Déjalos secar.

3 Agujera la pelota y el fondo del envase con la punta afilada del lápiz. Hazlo con mucho cuidado para no picarte.

4 Pasa el cordón por los dos agujeros y en cada extremo haz un nudo.

¡Ahora ya tienes un balero! Organiza un torneo con tus amigos. Ganará quien meta más veces la pelota por la boca del envase.

La frescura

**Texto e ilustraciones
de Nancy Poydar**

de Ali

A Ali le encantaba dibujar
y se la pasaba dibujando todo
el tiempo.

Un día de verano, su madre le
dijo: —Ali, Ali, ¡hace mucho calor
como para quedarse en casa!

Ali tomó su caja de gises
y salió.

No había llovido en semanas,
así que Ali dibujó pasto y flores
en la acera. Estaba tan atareada
dibujando que no se dio cuenta
de que otras personas también
salían del caluroso edificio.
Algunos se quejaban de la
temperatura, otros se abanicaban
con periódicos.

Los bebés estaban inquietos.
Nadie podía dejar de pensar
en el calor.

Entonces Ali dibujó un laguito alrededor de la silla de la señora Frye.

—¡Aaah! —suspiró la señora Frye mientras metía los dedos de los pies en el agüita fría—. ¡Aaah, aaah!

—Refrescante —dijo Ira Baker que se sentía deslumbrado por el sol.

Ali dibujó una sombrilla de playa sobre la cabeza de Ira.
—¡Refrescante! —volvió a decir Ira.

El señor Boyle bajó su abanico de periódico para ver qué podía refrescar tanto en un día tan caluroso.

Ya no quedaba más lugar en el lago o bajo la sombrilla de playa.

El señor Boyle miró la bruma que levantaba el calor y se quejó:
—No sopla ni una brisa, ni una sola brisa.

Ali dibujó un viento del norte

y entonces los dientes del señor Boyle empezaron a castañetear.

—Brrr —dijo. —Brrr —lo imitaron los niños—, ¡brrr, brrr!

Ali dibujó un oso polar de pelaje amarillo pálido.

—Grrr —parecía decir—, ¡grrr, grrr!

—¡Jiiii! —chillaban los niños mientras se turnaban para montar en su espalda—, ¡jiiii!

—¡Qué día! —dijo la mamá de Ali al salir por fin del caluroso edificio—.

¡Qué día! —repitió cuando vio lo que Ali había hecho. En seguida tocó el agua del laguito, observó la sombrilla de playa, se inclinó por el viento del norte y se apartó del oso.

—¡Ali, pronto vas a cubrir todo! —le gritó.

Entonces, a Ali se le ocurrió la más refrescante de todas las ideas.

Empezó a dibujar pequeños
copos de nieve en la pared y
en la banqueta, pequeños
copos alrededor de los pies
de grandes y chicos...

. . . pequeños copos en el lago
y en la sombrilla de playa.
Dibujó huellas de oso polar
y también estalactitas.
Dibujó, dibujó y dibujó.

—¡Ah, ah! —suspiraba
la señora Frye.

—¡Refrescante! —decía
Ira Baker.

—¡Trrr! —castañeteaba el señor Boyle.

—¡Jiii! —chillaban los bebés.

—¡Oh! —decía la multitud arremolinada,
¡extasiada por sentirse fresca hasta
los huesos!

109

Por supuesto que nadie se dio cuenta de la suave brisa que agitaba la bruma y volteaba las hojas. Nadie notó que el cielo se había oscurecido y que caían las primeras gotas gordas de una lluvia fría.

Nadie, hasta que las gotas golpetearon en los pórticos, tamborilearon en el buzón de la esquina y sisearon sobre la acera ardiente.

Entonces comenzó a llover a cántaros. La señora Frye se puso a bailar con el señor Boyle, los chiquillos abrieron la boca para atrapar las gotas de lluvia, e Ira Baker saltó en los primeros charcos que se formaron.

Solamente Ali observó que los dibujos de la banqueta
se borraban. Los colores se mezclaban con el agua y se
escurrían rápidamente hacia el desagüe.

La tormenta de nieve, el oso polar, el viento del
norte, la sombrilla de playa y el laguito, todos se
disolvieron en el agua.

—¡Ay, no!, ¡no, no! —se lamentó Ali.

Pero la gente se dio cuenta de que los dibujos de Ali habían derrotado al calor.

Todos le aplaudieron, la vitorearon y la llevaron en hombros.

—¡Ali, Ali! —coreaban.

A Ali le encantaba dibujar y se la pasaba dibujando todo el tiempo. Sólo que a veces no podía dibujar afuera porque estaba todo mojado.

Piénsalo

1 ¿De qué manera sirvió la imaginación de Ali para que sus vecinos se protegieran del calor?

2 ¿Qué dibujarías en un día caluroso para refrescar a tus vecinos? Explica tu respuesta.

3 ¿Qué crees que aprendió Ali de esta experiencia?

Conoce a la autora e ilustradora

Nancy Poydar

Cuando Nancy Poydar no ilustra sus propios cuentos, dibuja para otros autores reconocidos de libros infantiles. Una de las obras más recientes que ha ilustrado es *The Adventures of Sugar and Junior*, escrito por Angela Shef Medearis.

Antes de convertirse en ilustradora de cuentos infantiles, Nancy Poydar trabajaba como profesora. Vive en Massachusetts con su esposo, su gato Sunny y su perro Coco.

Nancy Poydar

Visita *The Learning Site*
www.harcourtschool.com/reading/spanish

115

¡Aclimátate!

Texto de Lynn O'Donnell

Los animales sienten calor

Cuando hace mucho calor, ¡estos animales saben cómo refrescarse! Al igual que los seres humanos, los animales necesitan mantener estable su temperatura corporal. Si se calientan en exceso, su cuerpo puede paralizarse.

A continuación se señalan tres opciones con las que estos animales se mantienen frescos en el verano. Sólo una es la correcta. ¿Puedes adivinar la opción correcta para cada animal? Las respuestas están al final de la página 119.

1. Los conejos:

A. Se bañan con agua fría.
B. Comen mucha lechuga.
C. Aprovechan el aire para enfriar la sangre de sus orejas.

2. Las abejas:

A. Beben té helado.
B. Producen menos miel.
C. Juntan agua y la vierten sobre sus panales.

3. Los perros:

A. Ladran mucho.
B. Se quitan sus abrigos.
C. Jadean.

117

4. Los castores:

A. Se acurrucan en madrigueras subterráneas.

B. Se paran en la sombra que hacen animales más grandes.

C. Usan sombreros de hierba.

5. Las aves:

A. Abren su pico y hacen vibrar su garganta.

B. Sacuden sus alas con fuerza.

C. Vuelan sobre las nubes.

6. Los correcaminos:

A. Van al gimnasio.

B. Se quedan quietos.

C. Se trepan a los cactos.

7. Las ardillas de tierra:

A. Duermen durante el día.

B. Se hacen sombra con la cola.

C. Se abanican con grandes hojas de roble.

8. Los cerdos:

A. Comen helado.

B. Se revuelcan en el lodo.

C. Pierden peso.

Piénsalo

¿De qué manera se mantienen frescos los seres humanos y los animales?

Respuestas

1. C

2. C. El agua evita que la cera de las abejas se derrita.

3. C. Al jadear, el aire fluye por la lengua y el hocico del perro, con lo cual disminuye la humedad y refresca su cuerpo.

4. A. ¡Hace más frío bajo tierra!

5. A

6. C. Los correcaminos se trepan a los cactos cuando la arena está demasiado caliente para caminar.

7. B

8. B. Al revolcarse en el lodo, la piel del cerdo se humedece.

Taller de actividades

DÍAS LLUVIOSOS Haz una entrevista

Es muy probable que a los vecinos de Ali les guste quedarse en casa cuando llueve. Averigua lo que le gusta hacer a la gente en los días lluviosos.

NECESITARÁS:

cartulina gris   tijeras   marcadores o crayolas

1. Entrevista a tres personas de diferentes edades. Pueden ser familiares, vecinos o amigos.

2. Anota las respuestas.

3. En una cartulina gris dibuja gotas de agua grandes y recórtalas.

4. Escribe la respuesta de cada persona en cada gota. Pega las gotas en un periódico mural sobre los días lluviosos.

dibujar

jugar

leer

CLIMA EXTREMOSO

Haz un dibujo

Ali dibujó charcos y paraguas para que sus vecinos se sintieran frescos en los días calurosos. ¿Qué objetos dibujarías para sentirte mejor en un día muy caluroso o muy frío? ¿En un día oscuro o con demasiada luz; húmedo, seco o con mucho viento?

Escoge un tipo de clima. Trabaja en equipo para hacer ilustraciones que hagan sentir bien a tus compañeros en ese tipo de clima.

Conclusión del tema

Sitios inolvidables

HAZ UN FOLLETO DEL ESCENARIO El escenario de un cuento son el tiempo y el lugar donde ocurre la historia. Forma un equipo con algunos compañeros para hacer un folleto sobre los escenarios de los cuentos que leíste. Explica por qué sería interesante visitar estos sitios.

1. Haz un dibujo de cada escenario.

2. Debajo de cada imagen, escribe un enunciado que la describa.

3. Haz un folleto con los dibujos y los enunciados.

   Comparte el folleto con otros equipos.

XING

¡Sorpresa, sorpresa!
SUBRAYA LAS CARACTERÍSTICAS DEL CUENTO ¿Hay algo que te parezca asombroso en los cuentos de este tema? Vuelve a leer las historias para que lo encuentres. Haz una lista que incluya el nombre del cuento, lo que te pareció asombroso y el número de la página donde lo encontraste. Muestra esta lista a tus compañeros y explícales por qué esas partes te parecieron sorprendentes.

¿Qué harías si fueras...?
DESCRIBE A LOS PERSONAJES Elige dos cuentos de este tema y de cada uno escoge el personaje principal. Intercambia los papeles, o sea, que un personaje sustituya al otro. Imagínalo y escribe lo que crees que cada quien hará en el lugar del otro. Muestra el trabajo a tus compañeros.

TEMA
Vivimos juntos

CONTENIDO

La banca del parque 128
Fumiko Takeshita

El misterio del Parque del Pino 146
Tracey West

¡Un nido reciclado! 162
Kid City

El secreto de Perejil 166
Laura Fernández

Prueba tu destreza Resumir 178

Camilón, comilón 180
Ana María Machado

Anthony Reynoso:
Charro por tradición 198
Martha Cooper y
Ginger Gordon

Prueba tu destreza

Idea principal 216

124

Los favoritos de los lectores

La hamaca de la vaca o un amigo más
de Alma Flor Ada
Cuento corto
La hormiga que se mece en la hamaca del patio invita a todos los animales a mecerse con ella. ¡Siempre cabe un amigo más!

Martí y el mango
de Daniel Moreton
Fantasía
Martí está en un grave problema: lo han invitado a una fiesta y para entrar necesita un mango, pero él no los conoce.

Los zapaticos de rosa
de José Martí
Ficción realista
Para ir a la playa, Pilar se pone sus zapatos de rosa. Su madre le pide que los cuide del agua de mar.

La banda
Relato de niños zapotecas
Narrativa de divulgación
Varios niños zapotecas te contarán aquí lo que sucede en su comunidad en un día de fiesta. ¡Qué alegría tener una banda en la comunidad!

COLECCIÓN DE LECTURAS FAVORITAS

Calor
de Juanita Alba
Verso libre
No hay nada mejor que ver tu casa a lo lejos y saber que pronto llegarás al calor de tu familia que tanto te quiere.

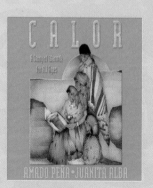

Texto de Fumiko Takeshita
Ilustraciones de Mamoru Suzuki
Traducción de Ruth A. Kanagy

LA BANCA DEL PARQUE

El día acaba de comenzar y una blanca neblina
cubre el parque. El lugar está muy tranquilo
pues aún no llega nadie. Bajo un árbol, una
solitaria banca espera.

Los primeros en llegar son los madrugadores, algunos
hacen ejercicio, otros pasean a sus perros, y la banca
comienza a despertar. Miren, aquí viene el cuidador
del parque en su carrito.

—Buenos días, querida banca. Hoy es día de limpieza en el parque —le dice el cuidador a la banca mientras le da unas palmaditas amistosas.

Los niños se dirigen a la escuela y los adultos al trabajo; poco a poco el pueblo se llena de vida.

Aquí viene un anciano haciendo su caminata diaria; se mueve lentamente apoyado en su bastón. Se detiene a oler las flores y a darles de comer a las aves; no tiene ninguna prisa.

—Ya es hora de descansar —dice el viejo. Se sienta en la banca y piensa: "Nada como encontrar una buena banca en el mejor lugar."

Luego llega una mujer que pasea a su bebé.
—Vamos a sentarnos para tomar el sol
—le dice al bebé.

—Da, da —balbucea el niño.
—Gu, gu —le responde el anciano.
¿De qué *pueden* estar hablando?

Los amigos también se reúnen en el parque.
Dos madres conversan,
hablan y hablan hasta
la hora de la comida.

Y mientras tanto,
la banca escucha
en silencio.

135

Es la hora de la comida. El cuidador del parque come bajo un gran árbol. Los gatos y las aves se le acercan.

—Muy bien, amiguitos, les daré un poco de comida. ¡Ah, pero no vayan a ensuciar la banca! —exclama.

Al mediodía mucha gente viene al parque a relajarse.
—Esta banca es mi lugar favorito para tomar la siesta
—dice un hombre. Sopla una suave brisa y la banca
del parque también comienza a sentirse adormilada.

Luego, un joven espera a su amiga que ha tardado
en llegar. "Nos vemos en el parque, en la banca
blanca", fue lo que acordaron. "¿Dónde andará ella?",
piensa él.

("Un momento, ¿quién dejó un libro en la banca?",
se pregunta el cuidador.)

Aquí llegan unos niños corriendo:
es la hora más animada en el parque.
—¿A qué jugamos? —pregunta un niño.

En un instante la banca del parque se convierte en
casa, luego en el castillo de un rey, después en isla,
más tarde en buque, en tren y en estación. Y,
de pronto, ¡vuelve a ser una banca!

Plash, plash, plash, plash…

—¡Oh, oh, ya empezó a llover!… —exclama el cuidador.

Todos buscan dónde protegerse de las gotas; todos,
menos la banca del parque, por supuesto.

Poco después deja de llover; el cielo brilla, las flores y el
césped resplandecen.

—Estás empapada —dice el cuidador a
la banca mientras la seca con cuidado—.
Todavía eres una excelente
banca a pesar de tu edad,
y sé que aún durarás muchos años.

El día está terminando, el aire es frío y los niños
se despiden antes de irse a sus casas. La banca
del parque queda apacible al atardecer.

Una vez que se apagan las luces del pueblo, la jornada del cuidador ha terminado.

—Buenas noches, querida banca. Debes de estar muy cansada, hasta mañana —enciende las luces de su carrito y conduce hacia su casa.

La oscuridad cubre el parque y las estrellas brillan en el cielo; ya no hay nadie aquí y en el parque todo está en calma. Bajo un árbol, una solitaria banca espera.

Buenas noches.

Piénsalo

1 ¿Por qué es especial la banca del parque para la comunidad?

2 ¿Te gustaría jugar en un parque como éste? Explica tu respuesta.

3 ¿Por qué crees que la autora escribió un cuento sobre una banca de parque?

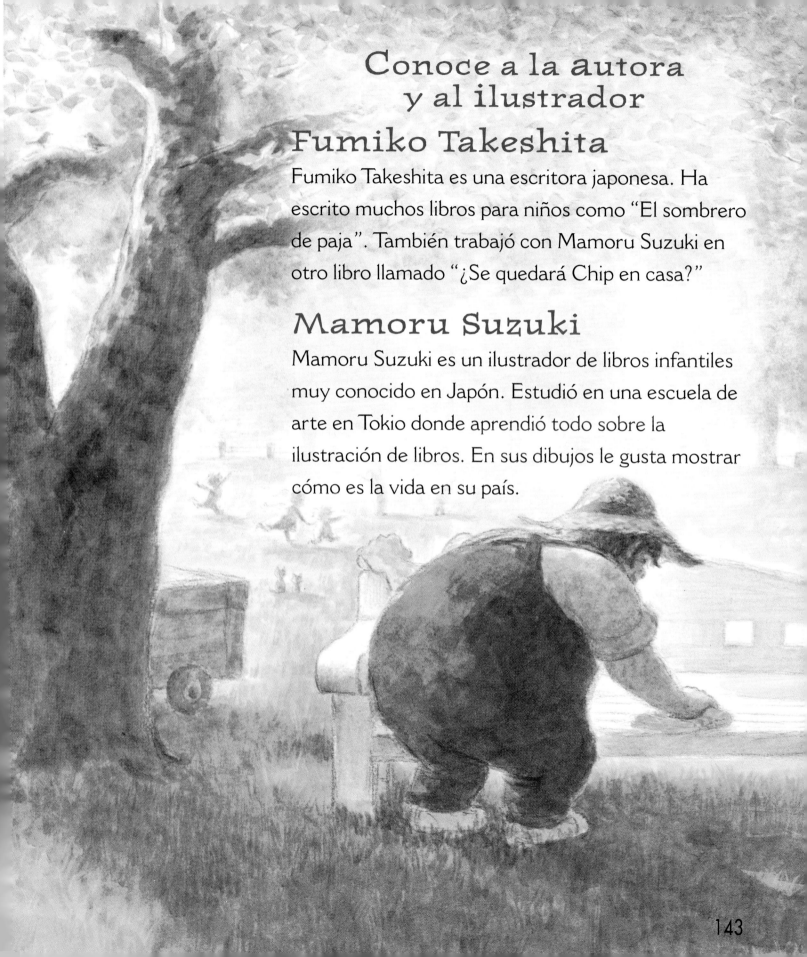

Conoce a la autora y al ilustrador

Fumiko Takeshita

Fumiko Takeshita es una escritora japonesa. Ha escrito muchos libros para niños como "El sombrero de paja". También trabajó con Mamoru Suzuki en otro libro llamado "¿Se quedará Chip en casa?"

Mamoru Suzuki

Mamoru Suzuki es un ilustrador de libros infantiles muy conocido en Japón. Estudió en una escuela de arte en Tokio donde aprendió todo sobre la ilustración de libros. En sus dibujos le gusta mostrar cómo es la vida en su país.

143

TALLER DE ACTIVIDADES

UN LETRERO CONVINCENTE

Haz un cartel

Trabaja con un compañero y haz un letrero que recomiende cómo cuidar el parque.

1. Hagan una lista de consejos para cuidar un parque. Observen las imágenes del cuento para tomar ideas.

2. Planeen su letrero. Piensen cómo hacer que la gente se divierta cuando lo lea.

3. Incluyan sus consejos en el letrero e ilústrenlos. Muestren el letrero a sus compañeros.

1. Recoge tu basura.

2. No olvides tus juguetes en el parque.

DIVERSIÓN EN EL PARQUE

Haz un collage

Haz un collage para ilustrar lo que te gusta hacer en el parque. Recorta imágenes de revistas y pégalas en una hoja grande.

Debajo del collage, escribe enunciados que describan las imágenes.

Muestra el collage a tus compañeros.

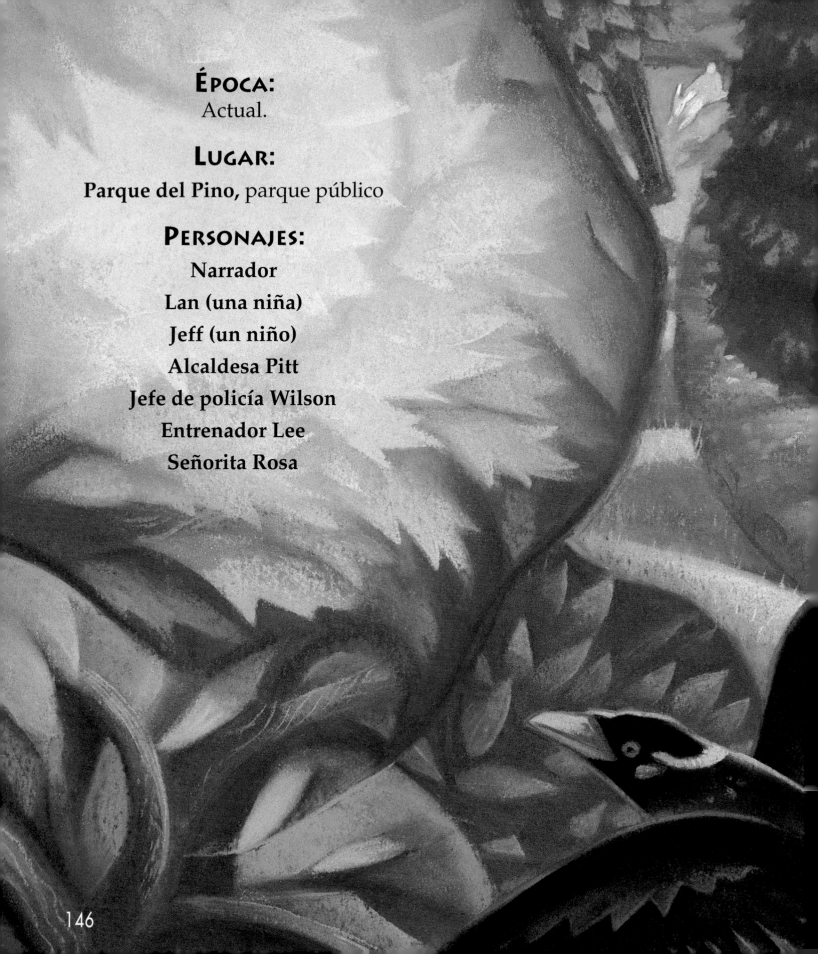

ÉPOCA:
Actual.

LUGAR:
Parque del Pino, parque público

PERSONAJES:
Narrador
Lan (una niña)
Jeff (un niño)
Alcaldesa Pitt
Jefe de policía Wilson
Entrenador Lee
Señorita Rosa

146

El misterio del Parque del Pino

Texto de Tracey West

Ilustraciones de Mary Grand Pre'

PRIMERA ESCENA

Narrador: Es una tarde agradable en el Parque del Pino: el sol brilla y los pájaros cantan. Es, sin duda, un día normal... ¿o no?

Premio al mejor ilustrador

(*El entrenador Lee* corre hacia donde está la alcadesa Pitt, haciendo sonar su silbato.)

Alcaldesa Pitt: Hola, entrenador Lee. Es un buen día para dar un paseo por el parque, ¿no cree?

Entrenador Lee: (*trota en su lugar*) Ya lo creo, alcaldesa. Bueno, ¡debo alcanzar al equipo!

(*Corriendo, el entrenador se aleja.*)

Alcaldesa Pitt: ¡El entrenador Lee siempre lleva prisa! (*Se sienta en una banca, se quita la chaqueta y luego la observa extrañada.*)

Alcaldesa Pitt: ¡Qué curioso! Pensé que traía mi prendedor de plata. ¿Dónde podrá estar?

Narrador: En otra parte del parque, Lan y Jeff juegan a la pelota.

Lan: Estoy aburrida. Nunca sucede nada interesante por aquí.

(*Jeff le arroja la pelota a **Lan**.*)

Jeff: Siempre estás aburrida. ¿Qué no te parece divertido jugar a la pelota?

(***Lan** atrapa la pelota y la suelta de repente. Extrañada, se mira de cerca su muñeca.*)

Lan: ¡Qué curioso! Se me perdió la pulsera. El broche estaba flojo...

Jeff: Tal vez se cayó por aquí. Hay que buscarla.

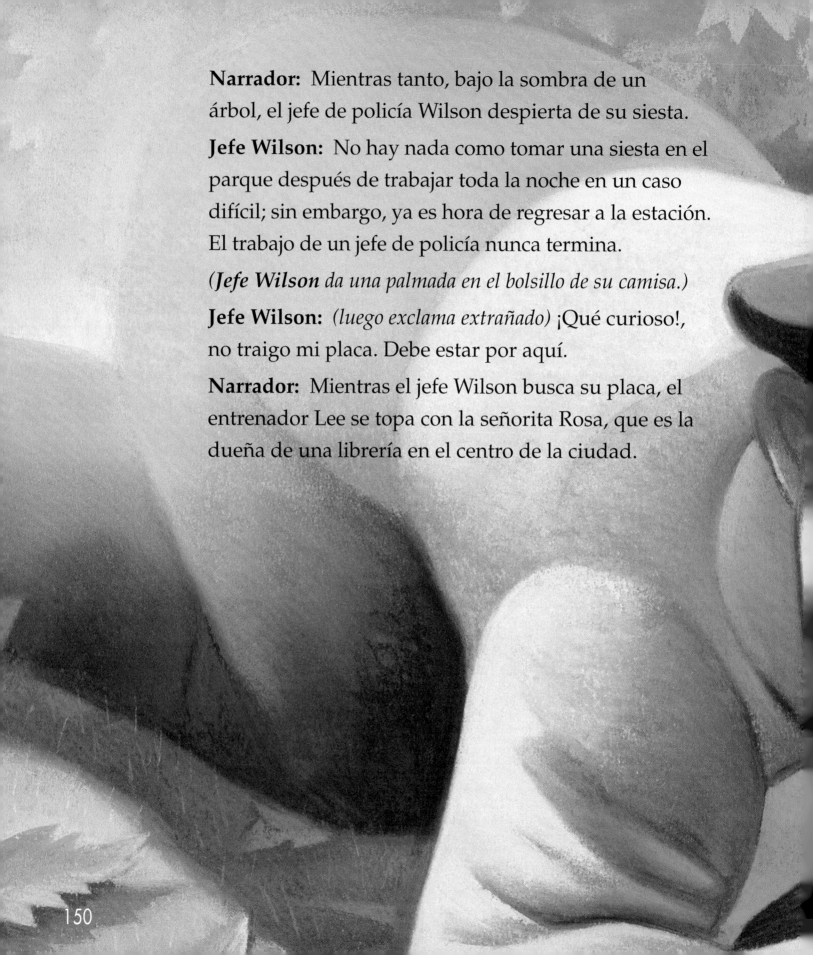

Narrador: Mientras tanto, bajo la sombra de un árbol, el jefe de policía Wilson despierta de su siesta.

Jefe Wilson: No hay nada como tomar una siesta en el parque después de trabajar toda la noche en un caso difícil; sin embargo, ya es hora de regresar a la estación. El trabajo de un jefe de policía nunca termina.

*(**Jefe Wilson** da una palmada en el bolsillo de su camisa.)*

Jefe Wilson: *(luego exclama extrañado)* ¡Qué curioso!, no traigo mi placa. Debe estar por aquí.

Narrador: Mientras el jefe Wilson busca su placa, el entrenador Lee se topa con la señorita Rosa, que es la dueña de una librería en el centro de la ciudad.

Señorita Rosa: Hola, entrenador. ¿A dónde va tan aprisa?

Entrenador Lee: Ando buscando mi silbato. Hace unos minutos lo tenía en la mano, pero no lo encuentro por ningún lado.

Señorita Rosa: Qué curioso, yo también estoy buscando algo.

Narrador: ¿Estará pasando algo misterioso en el Parque del Pino? Lan y Jeff están a punto de descubrirlo.

SEGUNDA ESCENA

Narrador: Lan y Jeff ven que el jefe Wilson pega un anuncio en un árbol.

Jeff: *(lee)* Objetos perdidos: una placa de policía, un prendedor de plata y un silbato.

Lan: Puede añadir a la lista una pulsera, jefe.

Jefe Wilson: *(se rasca la cabeza)* Esto es de lo más extraño. No logro explicarme por qué desaparecieron todos esos objetos. Es un verdadero misterio.

Lan: ¡Un misterio! *Eso* sí que suena emocionante.

Tercera escena

Narrador: Lan y Jeff intentarán resolver el caso de los objetos desaparecidos.

Lan: Debemos pensar como verdaderos detectives, Jeff. Empecemos por hacer una lista de lo que sabemos del caso.

Jeff: Bueno, todos se dieron cuenta de que les faltaban sus objetos mientras estaban en el parque.

Lan: Muy bien. ¿Qué más sabemos?

Jeff: Todos los objetos eran pequeños... y además brillantes.

Lan: ¡Tengo una idea! Pongamos otro objeto pequeño y brillante en el parque, luego nos escondemos y vemos qué pasa con él.

Jeff: ¿Qué tal la llave de mi bicicleta?

(*Jeff* saca la llave de su bolsillo y la coloca en una roca cercana. *Jeff* y *Lan* se esconden detrás de un árbol. Un grupo de niños con ropa deportiva corre por todo el escenario, impidiendo que el público vea la llave sobre la roca.)

Narrador: Allí va el entrenador Lee. Pero, ¿qué es esto? ¡La llave desapareció!

CUARTA ESCENA

(Lan conduce al jefe Wilson, a la alcaldesa Pitt, al entrenador Lee, y a la señorita Rosa hasta un árbol en el parque, donde Jeff los está esperando.)

Lan: *(a Jeff)* ¿Tienes acorralada a la ladrona?

Jeff: *(sonríe)* Está arriba, en ese árbol.

Entrenador Lee: *(trota en su lugar)* ¿Ladrona? ¡Yo no veo a ninguna persona en ese árbol!

156

Jefe Wilson: *(escudriña el árbol)*
La ladrona no es ninguna *persona*, entrenador,
¡es un ave!

Señorita Rosa: *(sin aliento)* ¡Es Dynah!, mi nueva
mascota, un mainato. Se escapó de la librería hoy
en la mañana. ¡La he buscado todo el día! *(voltea
hacia donde están **Lan** y **Jeff**)* ¿Cómo saben que
Dynah es la ladrona?

157

Lan: Jeff se dio cuenta de que todos los objetos perdidos eran pequeños y brillantes, así que decidimos poner una trampa. Colocamos la llave de la bicicleta de Jeff sobre una roca. Dynah llegó volando y se la llevó.

Jeff: Entonces voló hacia este árbol.

Señorita Rosa: A los mainatos les gusta recolectar objetos brillantes. Les aseguro que encontrarán todos los objetos perdidos en algún lugar del árbol.

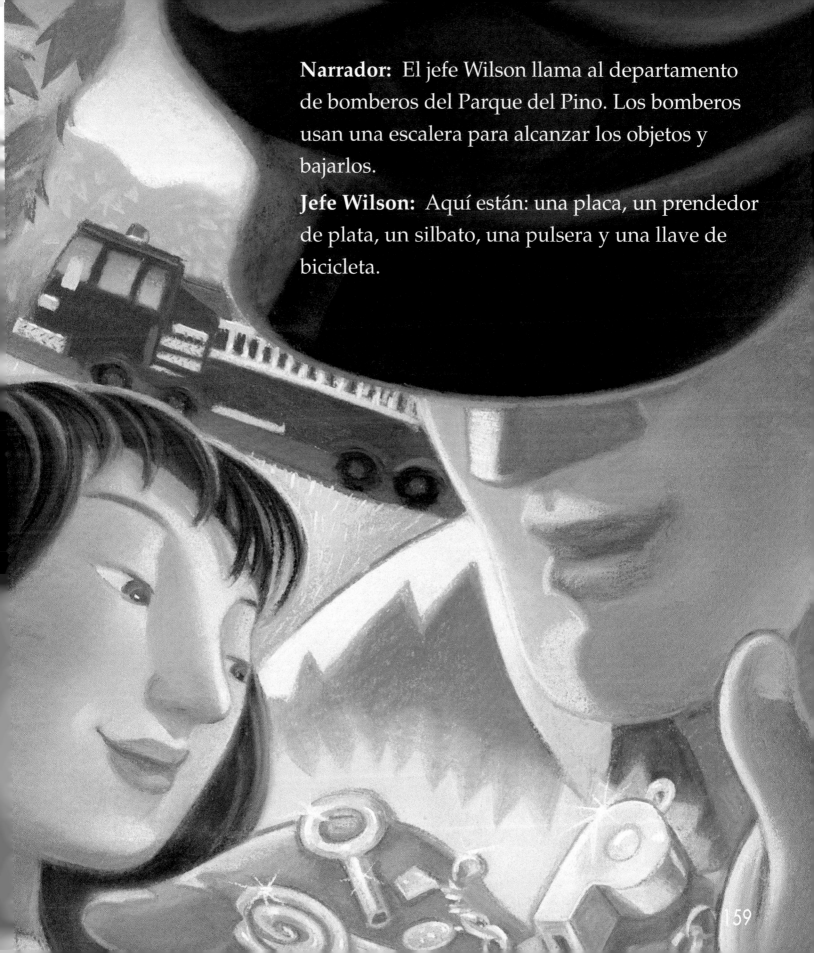

Narrador: El jefe Wilson llama al departamento de bomberos del Parque del Pino. Los bomberos usan una escalera para alcanzar los objetos y bajarlos.

Jefe Wilson: Aquí están: una placa, un prendedor de plata, un silbato, una pulsera y una llave de bicicleta.

159

Señorita Rosa: *(Sostiene una jaula con Dynah adentro)* Lamento mucho que Dynah haya causado tantos problemas, alcaldesa Pitt. De ahora en adelante trataré de cuidarla mejor.

Alcaldesa Pitt: *(ríe)* ¡De veras que ocasionó todo un alboroto! Nunca habíamos tenido un día tan emocionante en el Parque del Pino.

Lan: ¡No puedo esperar hasta mañana para regresar al parque!

Jeff: ¿Para jugar a la pelota?

Lan: ¡No! ¡Quiero ver si hay otro misterio que podamos resolver!

PIÉNSALO

1 ¿Cuál es el misterio del cuento?

2 ¿Qué parte de la historia te gustó más?

3 ¿Qué pistas te dieron el autor y el ilustrador para resolver el misterio?

Visita *The Learning Site*
www.harcourtschool.com/reading/spanish

160

Tracey West *Mary GrandPre'*

CONOCE A LA AUTORA
A Tracey West le gusta tanto leer que decidió escribir sus propios libros. Tracey vive en la ciudad de Nueva York con su esposo, su perrita Tisha y una gatita llamada Elvira.

CONOCE A LA ILUSTRADORA
Mary GrandPre' ha ilustrado cinco libros infantiles además de crear imágenes de apoyo para una película de dibujos animados. Mary vive en St. Paul, Minnesota.

161

¡Un nido ♻ reciclado!

Si guardas papeles, pedazos de tela, trozos de cuerda o clips, quizá tus amigos piensen que eres un tilichero. Pero si fueras un ave, los usarías para construir el mejor nido de la parvada.

Puedes reunir varios objetos y dejarlos al alcance de las aves para que tomen lo que necesiten. Cuelga de la rama de un árbol una bolsa de plástico como las que dan en el supermercado. Coloca los objetos dentro de la bolsa, sin llenarla demasiado. Observa cómo las aves se posan en la rama y toman de la bolsa sus pequeños tesoros.

Observa cómo los objetos que reuniste les sirven a las aves para construir un nuevo y cálido hogar.

Puedes incluir pedazos de algodón para que el nido sea más suave y caliente.

Las agujetas viejas también sirven para construir sus cómodos y calientes nidos.

Sólo asegúrate de que los pedazos tengan menos de seis pulgadas de largo, de lo contrario las aves se podrían enredar y lastimar.

Los pedazos de tela también son de gran ayuda. Coloca telas de fibras naturales.

Piénsalo   ¿Qué puedes hacer en tu comunidad para cuidar la naturaleza?

Taller de actividades

LA OBRA "EL PINITO DEL PARQUE"

Representa con títeres

El escenario de *El misterio del Parque del Pino* es un parque público como cualquier otro. Trabaja con un compañero para hacer el escenario con una caja de zapatos.

Necesitas:

caja de zapatos • papel de colores • pegamento • tijeras • revistas

1. Vuelve a leer la obra para diseñar la escenografía.

2. Pega recortes de papel en el interior de la caja para construir el escenario.

3. Recorta imágenes de revistas para ilustrar los objetos usados en escena. Pega los recortes en la tapa de la caja y recórtalos de nuevo para que tengan una base y no se rompan al usarlos.

4. Mueve los personajes en el escenario al hacer la representación.

UNA OBRA DE MISTERIO

Amplía la historia

¿Qué misterio deben resolver Lan y Jeff? Escribe acerca de otro hecho misterioso que haya ocurrido en el parque. Crea nuevos personajes. Muestra tu trabajo a tus compañeros. ¿Crees que ellos puedan resolver el caso antes que Lan y Jeff?

El secreto

Texto de Laura Fernández

de Perejil

Ilustraciones de Joel Rendón

Había una vez un país donde se tenía que hacer cola para todo. Si querías comprar tortillas o pan, una cola; que querías comprar unos zapatos, otra cola. Hasta para beber agua tenías que hacer cola.

Apenas llegabas, la gente que ya estaba formada gritaba: "¡A la cola, a la cola!" "¡No se meta, a la cola!" A las señoras elegantes no les gustaba eso de la cola; y mejor gritaban: "¡Forme fila, forme fila!"

167

Así todos los días se hacían largas hileras de gente. Ríos delgados en las calles, dentro de los edificios y hasta en los parques.

La gente siempre se sentía ansiosa por llegar al final de la cola; deseaba ser atendida. Algunos estiraban el cuello y contaban para sí mismos "…2, 4, 6, 8, 10, 14. Faltan catorce y voy yo." "2, 4, 6, y me toca." Se repetían para sí mismos: "Uno, uno y voy yo, al fin yo. Viva, voy yo."

A pesar de que todos los días la gente tenía que hacer cola, no se acostumbraba y casi nadie era feliz.

Sólo Perejil, un viejito de ochenta y dos años, vivía contento. Le decían Perejil porque tenía una bufanda de color "sabor verde perejil".

Perejil amaba las colas. Aunque también se sentía muy bien cuando llegaba la hora de ser atendido.

—¿Qué quiere comprar? —le preguntaban.

—Sólo quiero saber a qué hora cierra —contestaba tranquilo.

—A las ocho y diez. ¿Nada más?

—Sí, gracias.

Y Perejil no compraba nada y se iba a otra cola.

En la noche hacía cola en las afueras de los cines.

—¿Cuántos boletos quiere, señor?

—Sólo quiero saber si la película es buena.

—No la he visto —decía el taquillero—. Nada más atiendo la cola.

—Gracias —decía Perejil—, y se iba contento a casa, y soñaba con largas filas de gente.

Un día, un señor gordo y elegante, de saco negro y anillos en las manos, le dijo a Perejil.

—Déjame tu lugar, Perejil. Y te ganas estas monedas.

Perejil aceptó de inmediato y se fue feliz a otra cola.

El gordo elegante creía que regalándole las monedas a Perejil, le compraría el "gusto por hacer cola"; pero no, aunque ocupaba el lugar de Perejil no se sintió diferente.

El señor elegante volvió con Perejil:

—Te regalo estos anillos pero déjame tu lugar.

Perejil no lo pensó dos veces y se puso los anillos. ¡Qué lindos! Uno rojo, otro blanco y el tercero verde como su bufanda.

Durante meses el señor gordo elegante siguió a Perejil, siempre tratando de comprarle "el gusto por hacer cola." El señor gordo elegante le dio a Perejil hasta su saco negro, pero nunca se sintió feliz.

Desesperado, el señor elegante fue una noche a casa de Perejil y le interrumpió su sueño de largas filas.

—Perejil, te quiero comprar el gusto por hacer las colas, ¿qué más te puedo dar?

—Me gustan las monedas, los anillos y el saco que me regaló… Le diré mi secreto —contestó contento Perejil.

El secreto era tan secreto que sólo el señor gordo elegante lo escuchó. Dio un abrazo de agradecimiento a Perejil y de tres pasos se marchó cantando.

Al día siguiente el gordo elegante se veía feliz. Con su hijo, hacía cola y al llegar con el vendedor, éste le preguntó:

—¿Qué desea, señor?

—Saber si tiene queso mil hojas.

—Por supuesto —respondió el vendedor—. ¿Cuántas hojas desea llevar?

—Ninguna, muchas gracias —dijo el señor gordo elegante.

Y ante el asombro del vendedor y de la gente de alrededor, el señor elegante y su hijo se fueron riendo.

Estaba tan contento el señor gordo y elegante que gritó el secreto de Perejil, pero esta vez el secreto ya no fue tan secreto y todo el mundo se enteró.

173

El gusto por hacer colas se extendió por todo el país.
Familias enteras formaban fila y platicaban.
Las colas eran una fiesta. La gente echaba porras, hacía
teatro frente a las filas… Algunas señoras llevaban su
almuerzo y platicaban de sus hijos en las colas. Y hasta los
novios se besaban en fila.

El gusto por hacer cola se había aprendido. ¿Y Perejil? Bueno, él se perdió un día entre tanta gente feliz.

Piénsalo

1 ¿Cuál crees que era el secreto de Perejil?

2 ¿Cómo te imaginas una bufanda de color "sabor verde perejil"?

3 ¿Por qué crees que el señor gordo y elegante quería comprarle a Perejil el gusto por hacer colas?

175

Taller de actividades

Uno tras otro

HAZ UNA LISTA

A Perejil le gustan dos cosas: hacer cola y hacer filas de palabras. Para esto último, Perejil tiene que buscar varias palabras: la primera debe ser de una letra, la segunda de dos, la tercera de tres y así sucesivamente.

Haz una cola de palabras en tu cuaderno con las palabras del cuento de Perejil. Juega con tus compañeros. ¿Quién hará la cola más larga?

Fíjate en este ejemplo:

1. Y
2. Sí
3. Las
4. Fila
5. Mejor
6. Calles
7. Hileras
8. Contaban
9. Elegantes

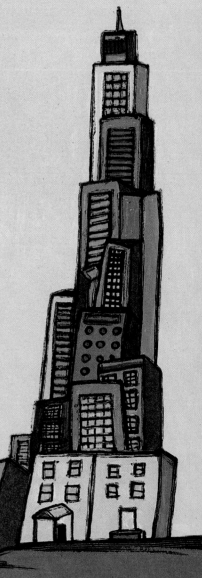

¡A la cola, a la cola!

HAZ UNA ENTREVISTA

Perejil amaba hacer cola. Pregunta a tres vecinos tuyos en qué lugares acostumbran formarse; puede ser para ver algún espectáculo, en el banco o en el supermercado. Anota la pregunta en tu cuaderno. Abajo, escribe el nombre del entrevistado y la respuesta que te dé. Compara tus entrevistas con las de tus compañeros. ¿Cuáles respuestas son iguales?, ¿cuáles son distintas?

Resumir

Resumir es contar en pocas palabras de qué trata una historia. El resumen de un cuento es un párrafo con los sucesos más importantes.

Para hacer un resumen, fíjate cuáles son los sucesos más importantes; un suceso es importante cuando habla del personaje principal y de la idea principal. Luego haz una lista de sucesos importantes. Como ejemplo te damos una lista de algunos sucesos importantes de "El secreto de Perejil".

Sucesos más importantes	Sucesos menos importantes
• Perejil amaba hacer cola.	• Para comprar tortillas la gente hacía cola.
• Perejil tenía el secreto del gusto de hacer cola.	• Perejil tenía una bufanda.
• Un señor gordo y elegante le compró el secreto a Perejil.	• El señor gordo y elegante le dio monedas a Perejil.

Con base en esta lista, escribe en un párrafo el resumen de "El secreto de Perejil".

Revisa que la información que incluiste sea la más importante.

1. Lee con atención "El secreto de Perejil". ¿Cuál es el suceso más importante de cada página?

2. ¿Cómo contarías esta historia en un párrafo?

Pide a tu maestro que te recomiende un libro nuevo. Léelo con atención y escribe una lista de sucesos importantes. Luego haz un resumen.

Camilón, comilón

Texto de Ana María Machado
Ilustraciones de Iván Valverde

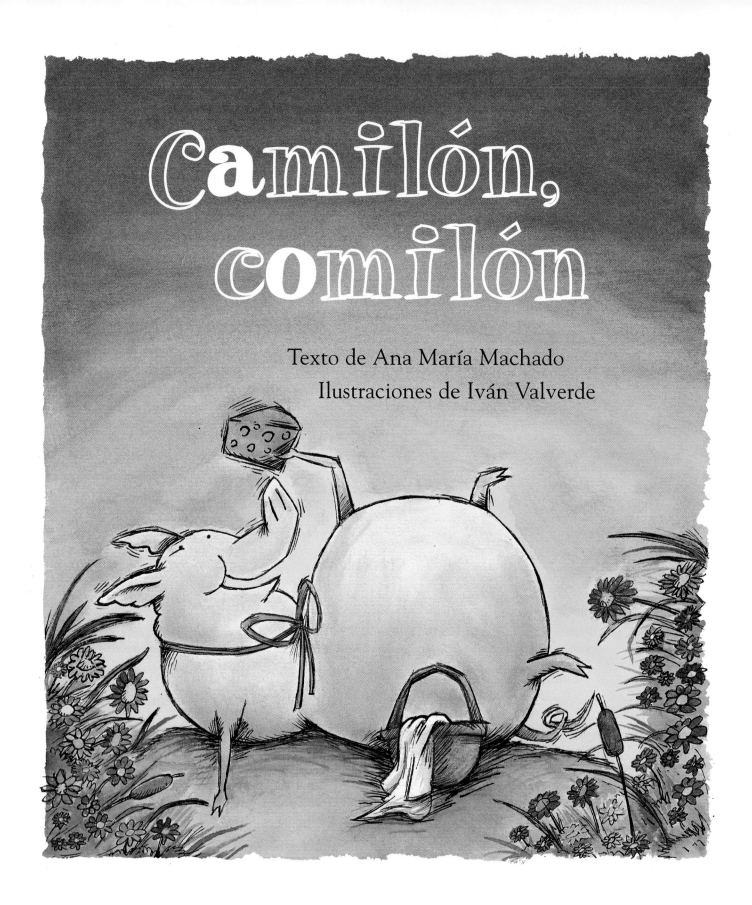

Camilo era un cerdito.
Un cerdito bastante gordo.
Por eso lo llamaban Camilón.
    No era un cerdo muy sucio.
Pero sí era perezoso.
Y muy glotón.
Sí, señor, Camilón
era un gran comilón.

Camilón no quería saber nada de trabajar para ganarse la comida.

Prefería comer cada día en casa de un amigo. O pedir un poquito de comida a los demás.

Y nadie se molestaba por eso, porque todos eran amigos de Camilón. Y hasta les hacía gracia la glotonería del cerdito, porque no dañaba a nadie. Si acaso, solamente a Camilón.

Un día, Camilón salió de casa con una cesta vacía. En el fondo de la cesta sólo llevaba una servilleta.

En la huerta del señor Manduca
se encontró con el perro Fiel.

—Buenos días, amigo Fiel.
¿Qué está haciendo usted?

—Trabajando, amigo, estoy
cuidando estas sandías.

—¡Vaya, cuántas sandías!
Y yo, aquí, con un hambre que
creo que me voy a desmayar.
¿No podría usted regalarme una?

—Bueno… está bien.
Tenga usted una sandía.

Y allá marchó Camilón, camino adelante,
con su cesta. Y en la cesta, una sandía. Y encima
de ella, la servilleta.

Más adelante, Camilón se encontró con
el burro Yoca, que tiraba de una carretilla.

—Buenos días, amigo Yoca. ¿Qué está
haciendo usted?

—Trabajando, amigo. Llevo estas calabazas
al mercado.

—¡Vaya, cuántas calabazas! Y yo, aquí, con
un hambre que creo que me voy a desmayar.
¿No podría usted regalarme algunas?

—Bueno… está bien… Tome
dos calabazas.

Y allá marchó Camilón, camino adelante,
con su cesta.

Y en la cesta, una sandía y dos calabazas.
Y encima de todo, la servilleta.

Más adelante, Camilón se encontró con
la vaca Mimosa, que estaba en su corral.

—Buenos días, amiga Mimosa. ¿Qué está
haciendo usted?

—Trabajando, amigo. Estoy haciendo
mantequilla, queso y requesón.

—¡Vaya, cuántas cosas! Y yo, aquí, con
un hambre que creo que me voy a desmayar.
¿No podría usted regalarme alguna cosilla?

—Bueno… está bien… Tome
tres quesos y cuatro litros de leche.

Y allá marchó Camilón, camino adelante, con su cesta.

Y en la cesta, una sandía, dos calabazas, tres quesos y cuatro litros de leche. Y encima de todo, la servilleta.

Más adelante, Camilón se encontró con la gallina Quica, a la puerta del gallinero. Y la misma conversación… Y la misma petición…

Y Quica que grita mirando al gallinero:

—¡Hijos míos, que el señor Camilón quiere maíz!

Y los pollitos le trajeron cinco mazorcas de maíz a Camilón.

Y allá marchó Camilón, camino adelante,
con su cesta.

Y en la cesta, una sandía, dos calabazas,
tres quesos, cuatro litros de leche y cinco
mazorcas de maíz. Y encima de todo,
la servilleta.

Más adelante, Camilón se
encontró con el mono Simón.

Esta vez la cosa no fue
tan fácil, porque el mono
Simón era muy listo.

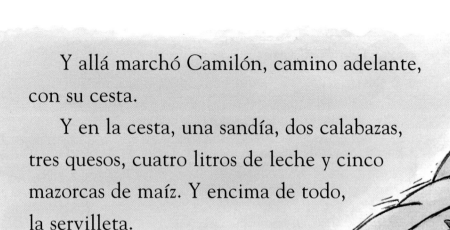

Pero tanto insistió Camilón,
que acabó convenciéndolo.

—Está bien. Un racimo
entero no le voy a dar. Pero,
bueno, tome seis plátanos.

Y allá marchó Camilón, camino adelante,
con su cesta.

Y en la cesta, una sandía, dos calabazas, tres
quesos, cuatro litros de leche, cinco mazorcas de
maíz y seis plátanos. Y encima de todo, la servilleta.

Más adelante, Camilón se encontró con
la abeja Sum-Sum, que estaba atareadísima
buscando polen.

Y Camilón habló y habló…
Y pidió… Y acabó consiguiendo
siete frascos de miel.

Y allá marchó Camilón, camino adelante,
con su cesta.

Y en la cesta, una sandía, dos calabazas,
tres quesos, cuatro litros de leche, cinco mazorcas
de maíz, seis plátanos y siete frascos de miel.
Y encima de todo, la servilleta.

Más adelante, Camilón se encontró con el conejo
Orejudo. Y, bueno, supongo que habrás adivinado
lo que ocurrió. ¡Eso mismo…! El conejo dijo que
estaba trabajando… Y Camilón dijo que tenía
tanta hambre que estaba a punto de desmayarse…

Y al final Camilón consiguió ocho
lechugas y nueve zanahorias.

El cerdito metió todo en la cesta, lo cubrió
con la servilleta, y allá marchó Camilón,
camino adelante, con su cesta.

189

Y en la cesta,
¡cuántas sandías? ¡Una!
¡Cuántas calabazas? ¡Dos!
¿Y quesos? ¡Tres!
¿Y litros de leche? ¡Cuatro!
¿Y mazorcas de maíz? ¡Cinco!
¿Y plátanos? ¡Seis!
¿Y frascos de miel? ¡Siete!
Y ocho lechugas…
Y nueve zanahorias…
¡Toda una montaña de comida!

Pero Camilón aún no
estaba satisfecho.

Más adelante se encontró con la ardilla.
Y Camilón habló y habló… Y pidió…
Y acabó convenciéndola.

Y allá marchó Camilón, camino adelante,
hasta un lugar sosegado en medio
del bosque, con su cesta.

Y en la cesta, una sandía, dos
calabazas, tres quesos, cuatro litros
de leche, cinco mazorcas de maíz,
seis plátanos, siete frascos
de miel, ocho lechugas,
nueve zanahorias…
¡y diez avellanas que
le dio la ardilla!

¿Y qué crees que pasó luego? ¿Que Camilón
se escondió y se comió, él solo, todo aquello?
¿Y que después tuvo el mayor dolor de barriga
del mundo?

Bueno, si quieres, así puede
acabar la historia.

Pero a mí me parece que eso ya
ha ocurrido antes muchas veces…,
demasiadas veces.

Y también me parece que esta vez
debería ocurrir una cosa diferente.

Nuestro amigo cerdito era un glotón,
sí, señor, pero era amigo de todo el mundo.
Porque compartía lo que tenía.

Por eso, Camilón organizó una gran
merienda e invitó a todos los amigos
que le habían dado alguna cosa.

Yo también voy a ir a la merienda.
Y voy a llevar once naranjas.

¿Quieres venir a la fiesta?
Podrías llevar doce… ¿doce qué?
¿Y tu hermano?
¿Y tu amiga?

Piénsalo

1 ¿Por qué Camilón era amigo de todo el mundo?

2 ¿Crees que sin la cooperación de los demás Camilón hubiera podido organizar la merienda? Explica tu respuesta.

3 ¿Cómo imaginas que se sintió Camilón cuando compartió su comida?

Taller de actividades

Ven a mi casa

HAZ UNA TARJETA DE INVITACIÓN

Para convidar a más amigos, Camilón necesita
hacer tarjetas de invitación. Ayúdalo.
Escribe la invitación en media hoja
y luego dóblala por la mitad. No olvides
poner los siguientes datos:

- el nombre de tu invitado
- cuándo y dónde será la reunión
- el motivo de la merienda
- tu firma

Adorna la tarjeta a tu gusto. Puedes
escribir algo como:

*Queridos amigos: los invito a
merendar en… el día de… Con afecto…*

Cuando yo sea grande quiero ser...

HAZ UN DIBUJO

Los amigos de Camilón trabajaban en distintos lugares. Por ejemplo, el perro Fiel trabajaba en la huerta, la vaca Mimosa en el corral y la gallina Quica en el gallinero. ¿Dónde quieres trabajar de grande?

Haz un dibujo donde aparezcas de grande trabajando en lo que más te gustaría. Ponle un título que empiece con:

Cuando yo sea grande quiero ser...

Escribe en una línea por qué te gusta ese trabajo. Después, entre todos formen un periódico mural con sus dibujos.

197

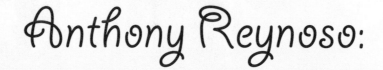

CHARRO
POR
TRADICIÓN

Texto de Martha Cooper y Ginger Gordon

Premio al
mejor autor

Me llamo Anthony Reynoso. Me pusieron el nombre
de mi padre, que es quien sostiene las riendas del
caballo blanco, y el de mi abuelo, que sostiene las
del caballo pinto. Todos nos dedicamos a la charrería
y al jaripeo en el rancho de mi abuelo, que está en
las afueras de Phoenix, Arizona.

En cuanto aprendí a caminar, mi padre me dio una reata. También tenía mi propio sombrero y todo lo necesario para vestirme de *charro*. Así es como llaman a un tipo de vaquero en México. Estuvo muy bien que empezara a practicar desde pequeño, porque lleva años aprender el jaripeo.

Vivo con mi papá y mi mamá en Guadalupe, un
pueblo mexicano-estadounidense de origen yaqui.
Mis abuelos viven muy cerca de aquí, y eso nos
va a ayudar bastante cuando nazca mi hermanito.

Conozco un secreto del pueblo de Guadalupe: cerca de mi casa descubrí unos petroglifos. El petroglifo que más me gusta es el de un hombre con un escudo. Hace cientos de años que la gente grabó esas figuras en las rocas. ¿Por qué lo habrá hecho? Quisiera saber qué significan esas figuras.

Todos los domingos en la mañana se llena la iglesia de la misión mexicana. En Semana Santa llegan cientos de personas para presenciar las ceremonias de los indios yaquis en el centro del pueblo.

Algunos domingos vamos a Casa Reynoso, el restaurante de mis abuelos. Si está muy concurrido, mis primos y yo nos ponemos a ayudar. Cuando hay tiempo, mi abuela me deja ayudar en la cocina. Casa Reynoso ofrece la mejor comida mexicana del pueblo.

En vacaciones nos vamos al rancho de mi abuelo. Una vez al año nos ponemos nuestros trajes para tomarnos una foto familiar.

Tengo muchos primos. Cada vez que hay un cumpleaños rompemos una piñata. Le pegamos con un palo hasta que los dulces caen. Entonces nos abalanzamos a recoger todo lo que podamos.

Lo mejor es cuando nos reunimos para practicar el jaripeo sobre el lomo del caballo. Mi papá siempre intenta hacer algo novedoso... ¡y yo también!

En México la charrería es el deporte nacional. Allí los charros más famosos son casi como las estrellas deportivas de los Estados Unidos.

Entre semana mi papá atiende su negocio de
jardinería, mi mamá trabaja en una escuela
pública y yo voy a la escuela. Junto con otros
niños espero el autobús en la esquina de la casa.

Siempre hago la tarea. Cuando
estoy en clase me olvido del
jaripeo y de montar a caballo.
Excepto mis mejores amigos,
en la escuela nadie sabe de mi
afición.

En casa es distinto. Allí practico mucho con mi papá,
que es un buen maestro y me enseña todo lo que su padre
le enseñó. Pasamos mucho tiempo practicando para las
presentaciones en escuelas, en centros comerciales y en
rodeos. Somos expertos en el manejo de la reata.
La próxima presentación en grande será en Sedona,
que está a unas dos horas de aquí en coche.

Después de practicar, jugamos un poco de basquetbol.
¡Papá es muy hábil también en eso!

Hoy, al terminar las clases, mi papá y yo preparamos las reatas para el espectáculo en Sedona. Deben quedar muy bien hechas.

Todo está listo para mañana, así que puedo descansar y dedicarme a ver mis estampas de basquetbol. Escojo cuáles quiero comprar, vender o intercambiar. Coleccionar estampas de basquetbol es uno de mis pasatiempos preferidos.

¡Llegó el sábado! Es la hora del espectáculo en Sedona. Me pongo un poco nervioso cuando observo a los demás participantes. ¡No me gustaría para nada hacerme bolas con la reata frente a toda esa gente! Después de El jarabe tapatío seguimos nosotros.

Mi papá entra primero... y después voy yo. Hago mi número mientras los mariachis tocan. ¡Ni siquiera mi papá puede hacer la suerte que yo hago con los dientes!

Después mi papá y yo giramos juntos la reata, tal como lo hemos practicado. Es difícil hacerlo con los sombreros de charro. Cuando mi papá me pasa la reata y yo hago bien la suerte, dice que es como si me pasara la tradición mexicana del jaripeo. Ahora me corresponde a mí mantenerla.

Mamá es nuestra admiradora más entusiasta y siempre nos acompaña. Me siento bien al saber que ella se encuentra entre el público, mirándonos.

A veces los turistas nos piden que posemos junto a ellos para tomarse una fotografía. Esto me hace sentir como todo un artista.

Cuando termina el espectáculo ¡vaya que tengo hambre! Recogemos todo y tomamos un refrigerio. Después vamos a Slide Rock, que es una caída de agua donde los niños han jugado desde hace cientos o quizá miles de años. ¡Este día el agua está heladísima! Preferiría venir en verano cuando está caliente, pero mi papá me empuja al agua de todas maneras. ¡Brrr!

Ya es hora de regresar a casa. La próxima vez que vengamos a Sedona mi hermanito podrá acompañarnos. ¿Será niño o niña? ¡Se me hace larga la espera!

Me va a gustar ser el hermano mayor. Muy pronto se pondrá mis botas y yo le enseñaré el jaripeo.

PIÉNSALO

1 ¿Qué cosas cuenta Anthony de su vida?

2 ¿Qué suertes te gustaría aprender con la reata? ¿Por qué?

3 ¿Cómo sabes que la tradición mexicana del jaripeo es importante para la familia Reynoso?

CONOCE A LAS AUTORAS

Ginger Gordon es maestra de primer año y escritora. Junto con Martha Cooper escribió otro libro titulado *My Two Worlds* (Mis dos mundos). El libro trata de una niña de ocho años que vive en Nueva York y en la República Dominicana. En él, Ginger Gordon quería mostrar lo que es tener un hogar en dos países diferentes.

Martha Cooper es una fotógrafa a la que le gusta mostrar la manera en que la gente de diferentes orígenes convive en Nueva York. Sus fotografías han aparecido en revistas, libros, calendarios y en exposiciones de museos. Martha Cooper vive en Nueva York.

Visita *The Learning Site*
www.harcourtschool.com/reading/spanish

TALLER DE

MI CUENTO Escribe una historia propia

A Anthony Reynoso le gusta coleccionar estampas de basquetbol y reatas. Escribe una historia sobre tu pasatiempo favorito. Usa la palabra *me* para que cuentes la historia tal como lo hizo Anthony Reynoso. Pon un título a tu historia.

Agrega tu historia al libro de cuentos de la clase. Pueden guardar el libro en el área de lecturas.

ACTIVIDADES

EL ÁLBUM FAMILIAR DE LA DIVERSIÓN

Agrega una imagen al álbum

A Anthony Reynoso le gusta hacer muchas cosas en compañía de su familia. Por equipos, ilustren lo que Anthony Reynoso suele hacer con su familia.

Muestren los dibujos al resto de sus compañeros e inclúyanlos en el álbum de la clase.

Idea principal

En "Anthony Reynoso: Charro por tradición" se cuenta la historia de un niño que está aprendiendo a ser charro. Éste es el **tema** central del cuento, y el resto de la historia presenta información que se relaciona con este tema.

La mayor parte del texto contiene datos sobre la **idea principal** y los **detalles de apoyo**. La idea principal explica de qué trata la historia. Los detalles de apoyo son datos que complementan la idea principal. Al descubrir la idea principal comprendes mejor el desarrollo de la historia. Lee el siguiente párrafo del cuento:

Vivo con mi papá y mi mamá en Guadalupe, un pueblo mexicano-estadounidense de origen yaqui.

Mis abuelos viven muy cerca de aquí, y eso nos va a ayudar bastante cuando nazca mi hermanito.

En este párrafo, el primer enunciado expresa la idea principal, pues dice dónde y con quiénes vive Anthony Reynoso. Todos los demás enunciados son detalles de apoyo.

Cuando leas un cuento, trata de encontrar la idea principal. Esto te ayudará a comprender mejor el desarrollo de la historia.

¿QUÉ HAS APRENDIDO?

Lee el segundo párrafo de la página 203 de "Anthony Reynoso: Charro por tradición".

1 ¿Cuál es la idea principal de este párrafo?

2 ¿Cuáles son los detalles de apoyo?

INTÉNTALO • INTÉNTALO

Lee un párrafo de alguna historia que te guste y encuentra la idea principal. Muestra el párrafo a un compañero y explícale cuál es la idea principal.

 Visita nuestra página en Internet
www.hbschool.com

Conclusión del tema

Vamos a investigar

ANALIZA UN CUENTO

Recuerda las acciones de los cuentos de este tema. Analiza un cuento hasta encontrar la parte que te parezca más interesante. Explica a tus compañeros por qué te parece interesante.

Justo a la medida

HAZ CONEXIONES CON EL TEMA Elige un cuento del tema "Vivimos juntos". ¿Por qué dicho cuento pertenece a este tema? Compara tu respuesta con la de algún compañero que haya elegido el mismo cuento.

Una charla interesante

REALIZA UNA ENTREVISTA

Formen equipos y representen un programa de entrevistas de televisión. Los invitados serán los personajes de un cuento de este tema. Un estudiante de cada equipo será el entrevistador y los demás representarán a los personajes. Todos deben planear las preguntas que hará el entrevistador. Por ejemplo, pueden hacer preguntas acerca del lugar donde vive cada personaje. Luego, deben responder como lo harían los personajes. Cada equipo presentará su trabajo ante el resto del grupo.

TEMA

VÁMONOS DE VIAJE

CONTENIDO

Monterino en alta mar 224
John Himmelman

Prueba tu destreza
Causa y efecto 240

Renata y su gato 242
Aline Pettersson

Las formas del agua   254

Un viaje fantástico   258
Joma

Prueba tu destreza
Análisis estructural: sufijos   276

Ruth Law asombra al país 278
Don Brown

La última sonrisa   296
Lee Bennett Hopkins

El arco iris   300
María de los Ángeles Cabiedes

LOS FAVORITOS DE LOS LECTORES

La isla
de Arthur Dorros

Fantasía

Una abuela le cuenta historias a su nieta, y así viajan juntas.

Volando, llegan a la isla donde la abuela creció y la niña conoce a toda su familia.

Cuando los borregos no pueden dormir
de Satoshi Kitamura

Fantasía

Ya es de noche y Madejo el borrego no puede dormir. Decide entonces pasear por la pradera, para ver si acaso le da sueño.

Bisa Vuela
de María Elena Walsh

Ficción realista

Los niños del pueblo la llaman Bisa y la ayudaron a limpiar su viejo avión. Desde entonces, Bisa vuela por todo el mundo.

Abuela
de Arthur Dorros

Fantasía

A la abuela le fascinan las aventuras. Viaja con la abuela por la ciudad de Nueva York.

COLECCIÓN DE LECTURAS FAVORITAS

El universo
de Irene Spamer

Narrativa de divulgación

Somos parte del Universo y el Universo está en nosotros. Ven a conocerlo y a sentirlo. Explora lo que está fuera y dentro de nosotros mismos.

Monterino en alta mar

Texto e ilustraciones de
John Himmelman

Premio al
mejor autor

Cerca del mar, vivía un topo en una acogedora madriguera. Se llamaba Monterino y le encantaba su casa porque en las tardes era fresca y en las noches calientita.

Una mañana comenzó a llover ligeramente y al poco rato llovía a cántaros. En la tarde la casa de Monterino estaba inundada, así que tuvo que buscar un lugar seguro para pasar la noche. Nadó y nadó, hasta que observó sobre una roca una casa muy curiosa con forma de botella. Estaba tan cansado que, una vez que se deslizó en su interior, se quedó profundamente dormido.

Cuando despertó, Monterino se sintió descansado y calientito. Le tomó unos instantes darse cuenta de que había sido...

 ¡arrastrado por el mar!

El pobre Monterino anduvo varios días a la deriva, sin otra cosa para beber que refresco de limón, ni otra cosa para comer que algas marinas.

Todos los días, luego de otear el horizonte, sentía que su soledad y su fastidio iban en aumento. Al fin, una mañana observó que una silueta oscura nadaba debajo de él. ¡Súbitamente, una gigantesca ballena jorobada lo lanzó por los aires!  Monterino se aferró a la botella, y ésta se fue llenando lentamente de agua y se hundió.

Pasaba por ahí un pez que, creyendo que se trataba de una sabrosa comida, se tragó la botella con todo y topo. Antes de que Monterino se percatara de lo que estaba ocurriendo, una enorme red atrapó al pez. La botella y Monterino salieron de la boca del pez para luego caer sobre la cubierta de un barco.

Medio aturdido, Monterino miró hacia arriba y encontró a un marinero gigantesco que lo observaba. ¡Llevaba en el brazo un enorme gato! El gato saltó para atraparlo, pero Monterino se escabulló por un agujero.

"Por fin a salvo", pensó.

–Qué ratón tan chistoso –dijo una voz junto a él.

Monterino se encontró rodeado de ratones.

—¿Qué andabas haciendo allá afuera? —preguntó nerviosamente uno de ellos—. ¿Qué no sabes que Percebes, el gato, quiere eliminarnos?

Monterino empezó a contarles cómo había llegado al barco. Les relató que había luchado con mares furiosos, montado en ballenas gigantescas y peleado contra peces come-topos; también les contó cómo su barco-botella había chocado. Y justo cuando les estaba contando el final de su historia, Monterino se resbaló del estante en que estaba parado y tiró una caja de cacharros.

Cuando Monterino se levantó, los ratones lo ovacionaron. Él les había dado una idea. Los ratones desaparecieron por diferentes rumbos recogiendo pedazos de tela, fragmentos de todos tamaños y varios cacharros. Monterino también se contagió de la alegría de los ratones.

Trabajaron juntos y pronto lanzaron su flota al mar. Los ratones eligieron a Monterino como su capitán, y a medida que navegaban, él empezó a disfrutar del placer de conducir la embarcación por entre las olas. Después de varios días, uno de los ratones gritó:
—¡Tierra a la vista!

Una vez que desembarcaron sanos y salvos en la playa, los ratones cargaron a Monterino en hombros y le pidieron que viviera con ellos. Él aceptó gustoso y ese mismo día empezaron a construir sus casas.

A Monterino le encanta su nueva casa porque es fresca en las tardes y calientita en las noches. Además, ahora tiene muchos amigos que son sus vecinos.

Y por si algún día siente el llamado de alta mar,
todavía conserva su botella y su vela.

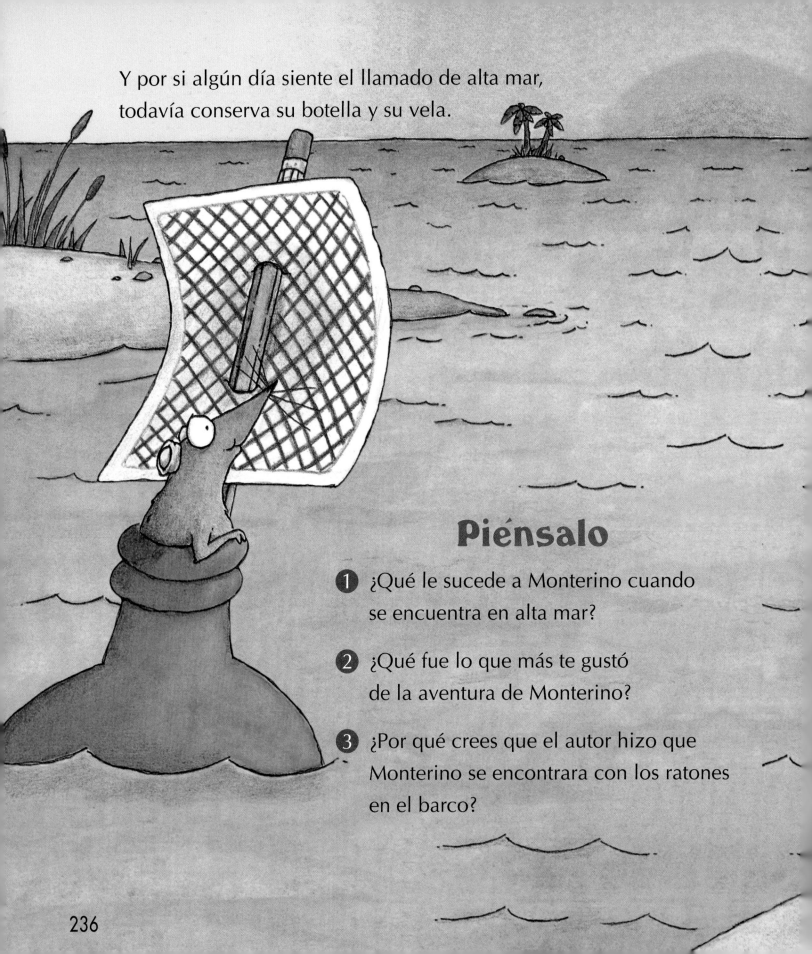

Piénsalo

1 ¿Qué le sucede a Monterino cuando
se encuentra en alta mar?

2 ¿Qué fue lo que más te gustó
de la aventura de Monterino?

3 ¿Por qué crees que el autor hizo que
Monterino se encontrara con los ratones
en el barco?

Conoce al autor e ilustrador
John Himmelman

John Himmelman toma las ideas para escribir sus cuentos de los personajes que dibuja, tal como el caso de Monterino. Las ilustraciones le ayudan a saber qué hará el personaje en el cuento. "Ya sé que un cuento es simplemente un cuento, pero para mí los personajes cobran vida". Ha escrito e ilustrado muchos libros infantiles, y aún le sorprenden sus cuentos. "En general, no me imagino cómo va a terminar un cuento hasta que estoy en la penúltima hoja". Cuando no trabaja en sus libros infantiles, le gusta tocar la guitarra.

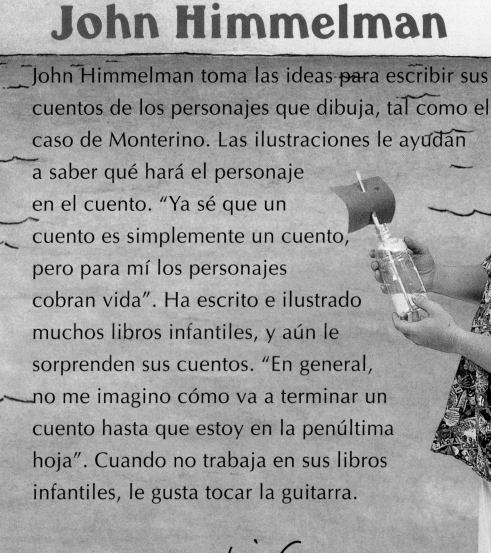

Visita *The Learning Site*
www.harcourtschool.com/reading/spanish

237

Taller de actividades

¡Monterino navega otra vez!

Amplía la historia

Escribe otra historia sobre una nueva aventura de Monterino en su botella. Describe lo que le ocurre en el mar y en tierra firme.

Una vez que escribas la historia, pega la hoja en un recorte de cartulina. Dobla la cartulina para que quede en forma de cilindro.

Pega tu historia en el periódico mural en una sección que se titule "Las aventuras de Monterino".

Monterino flotó todo el día. Un enorme pájaro recogió su botella.

Cuéntalo con dibujos

Haz un mural

A la gente le gusta escuchar relatos como el de las aventuras de Monterino. Trabaja en equipo para volver a contar la historia "Monterino en alta mar", pero esta vez con ilustraciones. Elaboren las ilustraciones en una hoja de mural.

Necesitarás: papel para mural
pintura
pinceles

1. Decidan quién ilustrará cada parte del cuento.

2. Hagan las ilustraciones para contar la historia. Usen las imágenes de "Monterino en alta mar" como ejemplo.

3. Cuenten la historia en voz alta a su grupo, ayudándose con las ilustraciones.

4. Inviten a otros grupos a escuchar su cuento.

Causa y efecto

Al leer "Monterino en alta mar", conociste las aventuras de Monterino. ¿Qué originó cada una de sus aventuras?

Vuelve a leer el siguiente enunciado:

El gato saltó para atraparlo

CAUSA

pero Monterino se escabulló por un agujero.

EFECTO

La primera parte del enunciado dice que el gato saltó para atrapar a Monterino. Ésta es la **causa**. La causa indica la razón de los sucesos.

La segunda parte del enunciado dice que Monterino se escabulló por un agujero. Éste es el **efecto**. El efecto indica el resultado de un suceso. Ahora sabes que Monterino se escabulló por un agujero *porque* el gato saltó para atraparlo.

240

Cuando leas, piensa en las acciones de la historia y trata de averiguar por qué ocurren. Piensa por qué los personajes hacen y dicen ciertas cosas. Busca palabras como *porque*, *así que* y *pero*. Los autores utilizan esas palabras para relacionar las causas con sus efectos.

¿Por qué el gato se subió al árbol?

¿QUÉ HAS APRENDIDO?

1. Completa este enunciado:

   Monterino se fue de casa porque

   _____.

2. ¿Qué pasó cuando la cola de la ballena lanzó por los aires la botella en la que estaba Monterino?

INTÉNTALO • INTÉNTALO

Vuelve a leer alguna historia que te haya gustado. Piensa en algún suceso de esa historia y descríbelo. Intercambia tu trabajo con un compañero. Pídele que explique por qué ocurrió ese suceso. Después, hablen de lo que ambos escribieron.

Visita *The Learning Site*
www.harcourtschool.com/reading/spanish

Renata y su gato

Texto de
Aline Pettersson

Ilustraciones de
Rodrigo Ponce

Renata correteó dos mariposas
amarillas que se escondieron entre las flores.

Quería jugar con ellas, pero no le hicieron caso. Estaban contentas bebiendo miel. Y allá, entre las ramas de los árboles, los pájaros llevaban en su pico migajas de pan y lombrices para darles de comer a sus polluelos.

Todos parecían muy ocupados.

Renata se echó en el pasto. Cerró los ojos y escuchó cómo se secreteaban las hojas de los árboles: Sh sh sh.

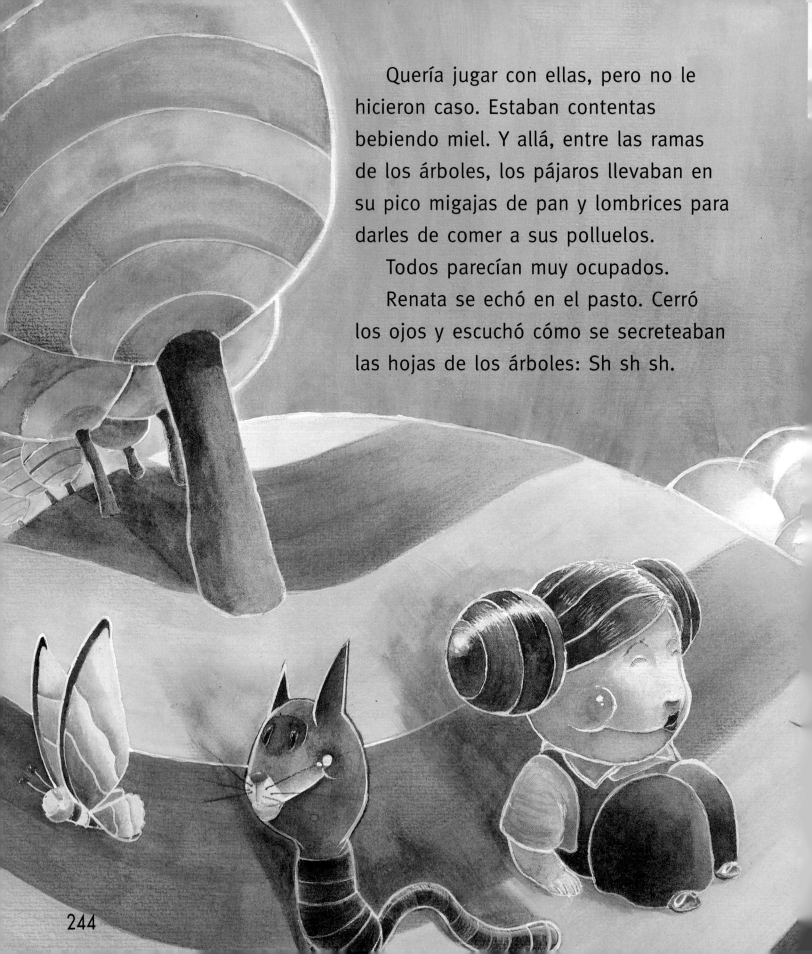

—Pío pío pío —trinaban las aves.

—Bzz bzz bzz —zumbó una abeja.

—Miau miau —maulló el gato al despertarse.

—Quiero jugar con ustedes —dijo Renata, pero nadie le contestó.

El viento le hizo cosquillas y la niña abrió los ojos y miró hacia arriba: allá en el azul del cielo, las nubes blanquísimas viajaban lentamente. A Renata le gustó verlas.

—Esa nube es un águila que mueve las alas.
Y ésa es un borrego. Ésa es el barco de un pirata.
Ahí va mi tina llena de espuma.

—Miau miau —asintió el gato.

El cielo parecía un espejo donde desfilaban
todas las cosas, pero estaba muy lejos para
jugar ahí.

—¡Qué lástima! —exclamó Renata.

De pronto las nubes comenzaron a pasar
de prisa. Luego se juntaron como si fueran a
decirse un secreto.

Y poco a poco se pusieron negras. Una gota muy grande le cayó a la niña en la mera punta de la nariz. Otra le cerró un ojo. Los pájaros se metieron a sus nidos. Las mariposas se escondieron entre las hojas. La niña y el gato corrieron a la casa.

—De la que nos escapamos —le dijo al gato. Y éste se sentó de un brinco en la orilla de la ventana.

Renata se acercó también a ver la lluvia. Llovió y llovió y el día se puso oscuro.

—¿Qué haré? —dijo Renata—. Parece de noche.

Entonces el gato saltó y fue a caer sobre la mesa. ¡Zazz! ¡Zazz! Los lápices de colores rodaron al suelo.

—Ten cuidado —le dijo Renata
mientras los recogía.

Y al levantarlos, vio un cuaderno
de hojas tan blancas como las nubes
que habían paseado sobre el jardín.

—Tengo una idea.

La niña tomó los lápices y el cuaderno
y se echó de panza al suelo.

Afuera la lluvia golpeaba el vidrio
de la ventana, pero Renata ya no la oía.
Empezó a dibujar y siguió y siguió y siguió.

Un elefante muy verde volaba extendiendo las orejas. Un pescadito dorado se mecía entre las ramas de un árbol. Unas margaritas se daban la mano para bailar sobre los rayos del sol. Una ardilla azul llevaba entre sus patas una muñeca de trenzas largas. Un conejo rojo como las manzanas jugaba con tres mariposas grandes como una casa.

—Qué divertido —dijo Renata—. Voy a dibujar cómo hacen las nubes, los animales y las plantas. Haré muchas historias. Ahora yo también estoy ocupada.

El gato se acurrucó cerquita de ella y ronroneó al ver a la niña tan contenta.

Piénsalo

1 ¿En qué lugar estaba Renata al principio del cuento?

2 ¿Por qué los animales no querían jugar con Renata?

3 ¿Qué haces cuando llueve y tienes que jugar solo en tu casa?

CONOCE
AL ILUSTRADOR

Rodrigo Ponce

Hace unos días encontré un libro de cuentos que me encantaba cuando era niño. En ese entonces pensaba ¿quién hará estos dibujos? Y es que desde pequeño me encantó dibujar, por eso mis padres me compraban muchos libros que todavía conservo.

Ahora, cada vez que ilustro un cuento pienso en cómo será el niño que lo leerá y si le gustará. Quiero que cuando vean las ilustraciones los niños sonrían.

Lo que más me gustó de "Renata y su gato" fue poder acercar mis dibujos a los niños y también dibujar gatos, porque casi todos los animales me gustan.

Las formas del agua

Casi toda la Tierra está cubierta de agua. Si miras el globo terráqueo, te darás cuenta de que en el mundo hay más agua que tierra. ¡Hasta tu propio cuerpo está hecho principalmente de agua!

Pero el agua no siempre es un líquido. El agua puede elevarse por el aire en forma de pequeñísimas gotitas de vapor. El vapor de agua no puede verse pero, cuando se enfría mucho, de pronto se ve. Puede ser el vapor que sale de la tetera... o el vapor de tu aliento cuando se convierte en vaho en un día muy frío. Puede ser una niebla tan espesa que no puedes ver a través de ella... o las nubes del cielo...

Cuando las gotas de agua se enfrían, se vuelven más y más grandes.

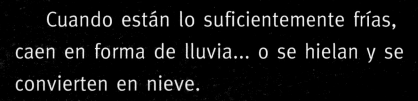

Cuando están lo suficientemente frías,
caen en forma de lluvia... o se hielan y se
convierten en nieve.

   Así pues, ya sea un divertido muñeco
de nieve... o una nube ligera... o el hogar de
los peces... ¡sigue siendo agua!

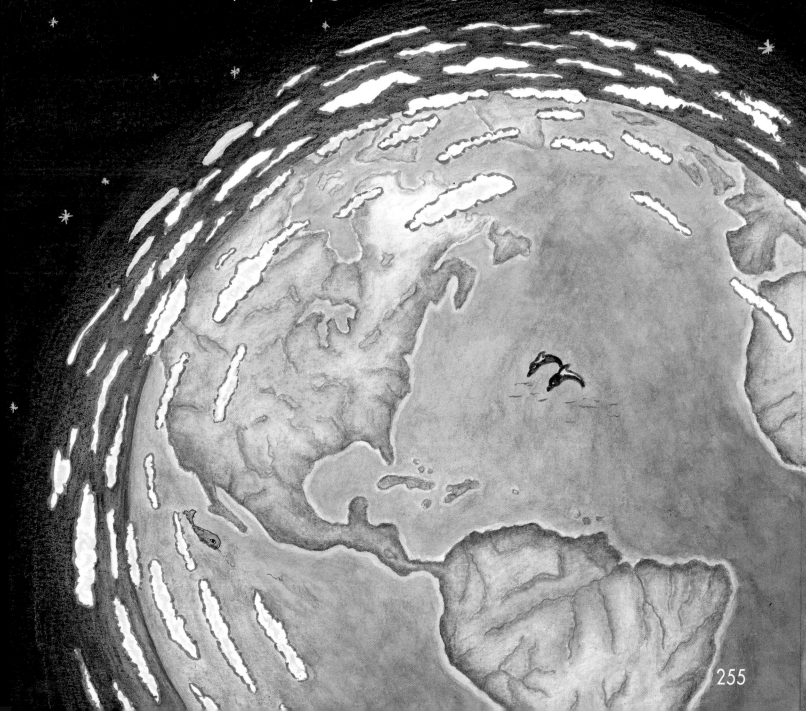

Taller de actividades

¡Vamos a escuchar!

IMITA UN SONIDO

Renata se tiró en el pasto a escuchar el sonido de plantas y animales. ¿Qué te parece si cierras tus ojos y escuchas con atención los sonidos que te rodean?

Forma con tus compañeros equipos de cinco. Acuéstense en el piso y cierren los ojos. Cada uno ponga atención en algún sonido a su alrededor. Luego abran sus ojos y siéntense. Por turnos, imiten el sonido que cada uno escuchó. Los otros niños deben adivinar de qué sonido se trata y decir quién o qué lo produce.

Repitan este ejercicio fijándose en diferentes tipos de sonidos: primero de máquinas, luego de animales y, por último, de personas... ¡Lo importante es que se diviertan!

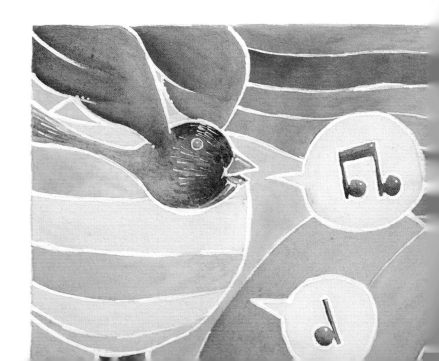

Estás en las nubes

HAZ UNA LISTA

Renata observó que las nubes formaban figuras parecidas a animales y objetos. También vio que las nubes se juntaban y luego comenzó a llover. ¿Te has fijado cómo son las nubes?

Con lápiz y papel en mano, siéntate en un lugar cómodo desde donde puedas ver las nubes. Haz una lista del aspecto que tienen. Fíjate en:

- su color.
- su forma.
- su tamaño.
- a qué se parecen.
- si están lejos o cerca.

Para ilustrar tu lista, puedes hacer un dibujo con la nube que más te haya gustado.

Muestra tu trabajo a otros compañeros. ¡Conviértete en un conocedor de nubes!

257

Un viaje fantástico

Texto de Joma

Ilustraciones de Jotavé

Dicen que un día, un buen
hombre, después de contemplar
mucho rato todo lo que divisaba desde
su ventana, quiso salir a ver el mundo.
Quería ver más cosas, cosas diferentes,
cosas de otros lugares... ¡Quería ver cosas
maravillosas!

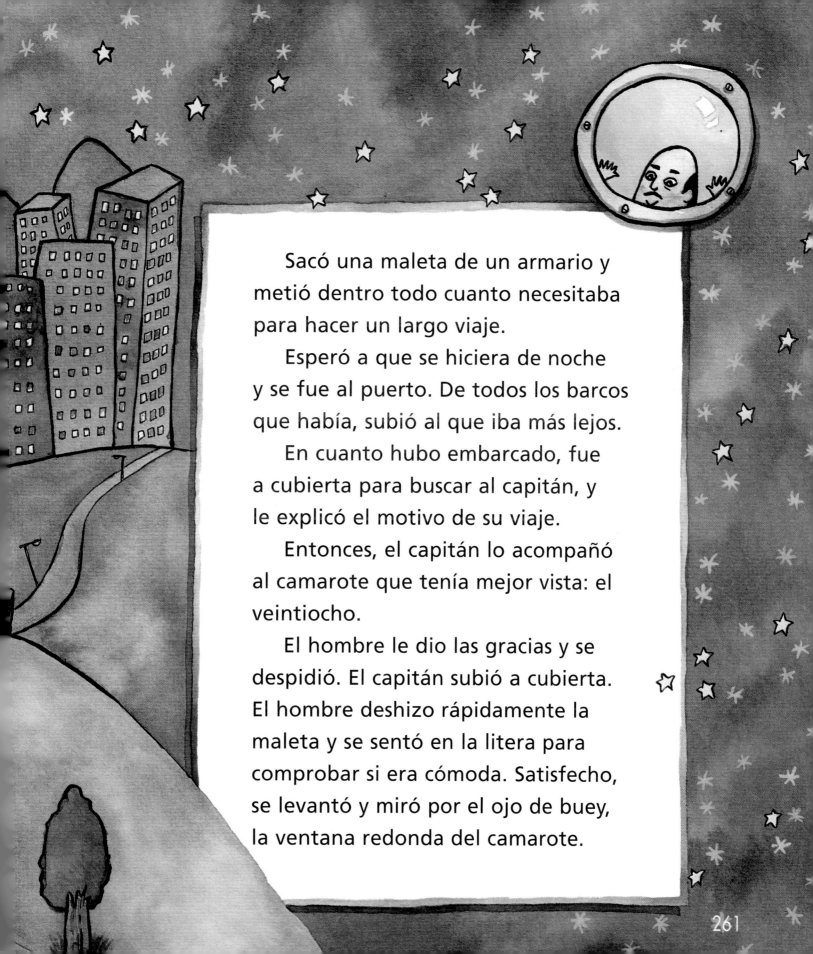

Sacó una maleta de un armario y metió dentro todo cuanto necesitaba para hacer un largo viaje.

Esperó a que se hiciera de noche y se fue al puerto. De todos los barcos que había, subió al que iba más lejos.

En cuanto hubo embarcado, fue a cubierta para buscar al capitán, y le explicó el motivo de su viaje.

Entonces, el capitán lo acompañó al camarote que tenía mejor vista: el veintiocho.

El hombre le dio las gracias y se despidió. El capitán subió a cubierta. El hombre deshizo rápidamente la maleta y se sentó en la litera para comprobar si era cómoda. Satisfecho, se levantó y miró por el ojo de buey, la ventana redonda del camarote.

Mientras tanto, ya habían embarcado todos los pasajeros. Y el barco, con la ayuda del práctico, salió del puerto haciendo sonar la sirena.

Los pescadores que estaban en la escollera, el farero y unos cuantos paseantes fueron los últimos en decirle adiós.

Ya en alta mar todos los pasajeros bajaron a sus camarotes.

Y poco a poco, la gente se fue durmiendo. Primero unos... Luego otros... Y otros más. Finalmente todos.

263

El barco navegaba por el ancho mar. Todos los ojos de buey se habían apagado.

Los pasajeros dormían. Pero nuestro buen hombre seguía pegado al cristal de la ventanilla. Había salido a ver el mundo. Y miraba.

Miraba la costa, las rocas, las calas... Y las gaviotas, que también dormían.

Miraba a los pescadores que buscaban, con la ayuda de potentes linternas, los peces debajo del agua.

Miraba aquellos añicos de tierra que eran las islas.

Y miraba los faros, que siempre competían para ver cuál hacía más juegos de luz.

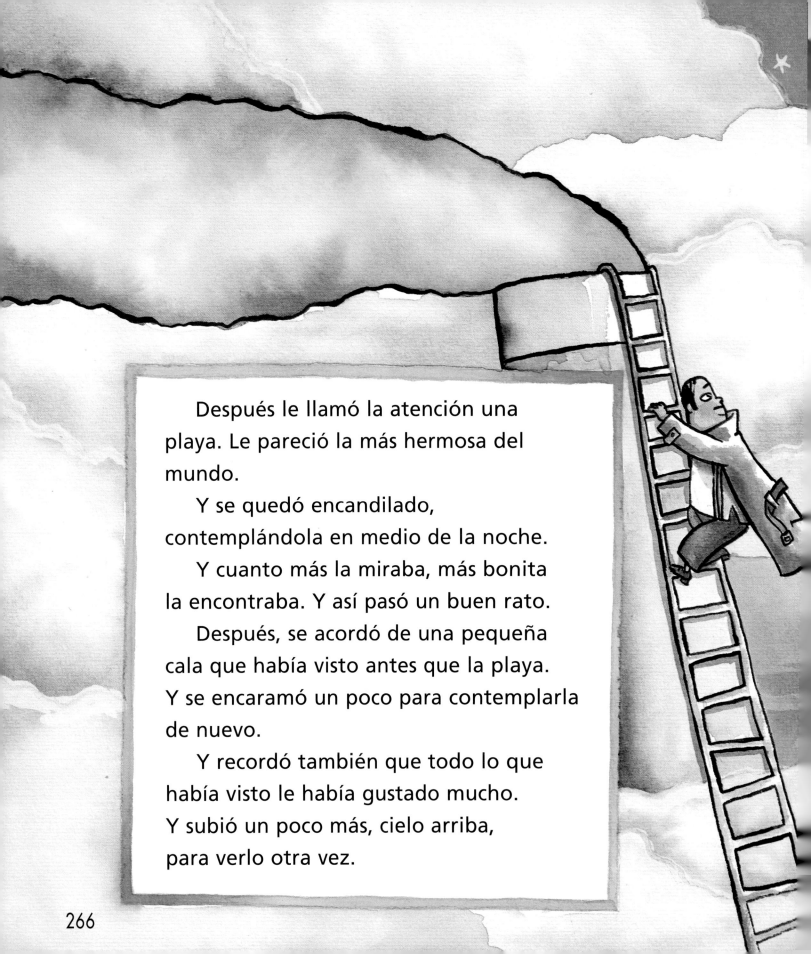

Después le llamó la atención una playa. Le pareció la más hermosa del mundo.

Y se quedó encandilado, contemplándola en medio de la noche.

Y cuanto más la miraba, más bonita la encontraba. Y así pasó un buen rato.

Después, se acordó de una pequeña cala que había visto antes que la playa. Y se encaramó un poco para contemplarla de nuevo.

Y recordó también que todo lo que había visto le había gustado mucho. Y subió un poco más, cielo arriba, para verlo otra vez.

Y cada vez subía más arriba.

Y cada vez veía cosas nuevas.

Y todas le gustaban.

Y subía, subía, hasta que su ojo de buey fue pequeño como una estrella.

Y desde arriba vio el mundo entero de una sola ojeada: ¡maravilloso!

De golpe, localizó el barco
como un puntito en medio del
mar. Y se dio cuenta de que se
había entretenido mucho y el
barco seguía su rumbo.

Entonces bajó corriendo.
Le habían dicho que entrar
a puerto de madrugada era la
cosa más fantástica del mundo.
¡Y no quería perdérsela!

Piénsalo

1 Si estuvieras aburrido, ¿te gustaría hacer un viaje en barco? ¿Por qué?

2 ¿Cómo crees que se ve un puerto de madrugada?

3 ¿Adónde crees que viajó el hombre después de llegar al puerto?

CONOCE A LA ILUSTRADORA
Jazmín Velasco (Jotavé)

Fui una niña muy tímida, pero aun así siempre me gustó participar en juegos y convivir con otros niños. También leía mucho y soñaba con casarme con el Principito, con Jim Hawkins o con Sherlock Holmes.

De mi papá heredé la facilidad para dibujar, pues él es caricaturista. Así, empecé haciendo historietas, luego caricatura política y ahora me gusta mucho ilustrar libros para niños.

Lo que más me gustó de *Un viaje fantástico* fue el personaje principal porque sueña con conocer el mundo, y es que desde muy pequeña he soñado con hacerme pirata y navegar por los mares del mundo.

Taller de actividades

Para ver el mundo

HAZ UNOS BINOCULARES

Así como el hombre tomó un barco para ver el mundo, tú también puedes explorar el lugar que te rodea con unos binoculares.

Necesitas:

★ dos tubos de papel de baño

★ pintura acrílica y pincel

★ pegamento blanco

★ un listón de tres pies de largo

★ una liga gruesa

★ una pluma

Cómo hacer los binoculares:

- Pinta los tubos y cuando estén secos, hazles un agujerito con una pluma a 1 pulgada de una orilla.
- Pega los tubos para que queden con forma de binoculares. Deja los agujeros hacia afuera. Sujétalos con la liga para que peguen bien.
- Cuando el pegamento esté seco, quita la liga. Mete el listón por un agujero y hazle un nudo. Haz lo mismo con el otro lado.

Con tus binoculares darás tu primer paso para observar lo que te rodea.

Mira, éste es tu mundo

PRESENTA UN INFORME

Sin tener que subirte a un barco, tú puedes ver el mundo con tus binoculares.

Escoge un lugar que quieras explorar, como un parque, el patio de tu casa o la escuela. Con tus binoculares mira todos los detalles de ese lugar. Apunta tus observaciones en un cuaderno y escribe un informe.

Será más fácil hacer tu informe si contestas las siguientes preguntas: ¿qué cosas observaste?, ¿cuál te gustó más?, ¿por qué?. Intercambia tu informe con un compañero y comenten sus observaciones.

Sufijos

Lee las siguientes palabras:

final	finalmente

Si observas, la palabra *finalmente* se formó agregando el sufijo *-mente* a la base de palabra *final-*. Los sufijos son terminaciones que se ponen al final de una base de palabra. Así se forman palabras nuevas. Lee este enunciado del cuento:

"El hombre deshizo rápidamente la maleta y se sentó en la litera para comprobar si era cómoda."

¿Cuál es la base de la palabra *rápidamente*? Observa que se agregó el sufijo *-mente* a la palabra *rápida*. El sufijo *-mente* significa "la forma o manera en que se hace algo". Entonces, *rápidamente* indica que el hombre deshizo la maleta "de manera rápida".

La siguiente tabla contiene una lista de palabras; trata de identificar el sufijo y la base de palabra. ¿Qué significa la palabra con sufijo?

Palabra	Palabra base	Sufijo
Finalmente	Final	-mente
Farero	Faro	-ero
Maravilloso	Maravilla	-oso

Localiza en el cuento cada una de estas palabras. ¿Qué significa la palabra completa?, ¿qué significa el sufijo? Estas preguntas pueden ayudarte a comprender palabras más complicadas.

¿QUÉ HAS APRENDIDO?

Vuelve a leer las páginas 259 y 265 de "Un viaje fantástico". Busca las palabras *ventana* y *ventanilla*. En la palabra *ventanilla*:

1 ¿Cuál es el sufijo?

2 ¿Cuál es la base de palabra?

3 ¿Qué significa la palabra con el sufijo?

INTÉNTALO • INTÉNTALO

En "Un viaje fantástico" busca otras palabras con los sufijos estudiados en esta lección. Cópialas en una tabla como la de arriba de esta página. Comenta con un compañero el significado de cada sufijo. Observen cómo cambia el significado de la palabra al poner el sufijo.

RUTH LAW

Libro sobresaliente en Estudios sociales

Texto e ilustraciones de Don Brown

ASOMBRA AL PAÍS

El 19 de noviembre de 1916, Ruth Law se aventuró a volar de Chicago a la ciudad de Nueva York en un solo día. Era algo que nadie había intentado antes.

Esa mañana había escarcha y soplaba un viento helado. Ruth se levantó antes del amanecer pero no sentía el frío, pues para habituarse a las bajas temperaturas durmió en una tienda de campaña en la azotea de un hotel de Chicago.

Se vistió con dos pantalones y un par de camisas, todo de lana. Después se puso dos trajes de piel y cubrió su abultada vestimenta con una falda. En 1916, una dama educada *siempre* usaba falda.

Todavía estaba oscuro cuando Ruth se dirigió al parque Grant, a las orillas del lago Michigan, donde la esperaba su avión. Era el pequeño aeroplano que piloteaba en los vuelos de exhibición, al que ella llamaba maquinita. Era pequeño y antiguo, aunque servía bien para realizar acrobacias como la de hacer el rizo. Ruth intentó comprar un modelo más grande y más reciente para este largo viaje, pero el fabricante, el señor Curtiss, se negó a venderle uno. Y es que el señor Curtiss no creía que una mujer pudiera volar un aeroplano grande. Además, cientos de pilotos se habían accidentado o muerto tratando de realizar ese vuelo.

La noche anterior, los mecánicos trabajaron en el avión. Colocaron un parabrisas especial para proteger a Ruth del viento helado y añadieron otro tanque de gasolina para que no tuviera que detenerse por combustible más de una vez. En los dos tanques podía llevar cincuenta y tres galones de gasolina, pero con este arreglo el avión pesaba mucho. Para aligerarlo un poco, los mecánicos le quitaron los faros al avión. Sin ellos, Ruth debería llegar a Nueva York antes de que oscureciera.

Ese día la temperatura bajo cero dificultó el encendido del motor. Por eso, pasó más de una hora para que Ruth pudiera despegar.

A las 7:20 a.m. subió a la cabina. Se quitó la falda y la metió debajo de su asiento: el sentido común vencía a la moda.

Aceleró y el avión avanzó dando tumbos entre bordos y hoyos. Recorrió el terreno con dificultad y después se elevó.

El viento soplaba fuertemente en Chicago y zarandeaba el pequeño aeroplano.

Una docena de espectadores lo observaba con temor.

Se escuchó el grito de un mecánico.

Ruth Law se esforzaba por estabilizar el avión, pero éste caía en picada. Finalmente, voló casi al ras de las azoteas de los edificios y luego subió lentamente sobre Chicago, en camino a Nueva York.

Volando a una altitud de una milla, Ruth cruzaba el viento invernal a una velocidad de cien millas por hora. Se había puesto en marcha después de consultar los mapas amontonados sobre su pierna, en los cuales había marcado su recorrido. Llevaba también una brújula, un reloj y un velocímetro.

Ruth voló durante casi seis horas. Confiaba en que el viento la ayudaría a llegar a Nueva York. Pero éste disminuyó y lo único que impulsaba al avión era la gasolina.

Hacia las 2:00 p.m., hora del este, Ruth se acercó a Hornell, Nueva York, donde la esperaba un grupo de gente que la apoyaba.

En ese momento el motor se detuvo.

El tanque de gasolina estaba vacío y todavía faltaban dos millas para llegar a Hornell.

El avión se inclinó un poco y bajó en picada. Ruth tenía sólo una oportunidad de hacer un aterrizaje seguro.

Trató de controlar el timón. Los campos parecían venírsele encima. La multitud de espectadores invadió la pista. El avión pasó justo encima de sus cabezas.

Y Ruth aterrizó.

Tenía tanto frío y tanta hambre que tuvieron que ayudarla a llegar hasta un coche que estaba cerca. Mientras llenaban los tanques de gasolina del avión, la llevaron a un restaurante para desayunar huevos revueltos y café.

Hasta ese momento había volado 590 millas sin escalas. Había que establecer una marca. Ningún otro piloto en Estados Unidos había recorrido una distancia mayor.

Pero el vuelo de Ruth aún no había terminado.

A las 3:24 p.m., Ruth se puso de nuevo en camino hacia Nueva York.

Durante todo el día, los diarios informaron del vuelo de Ruth. Una multitud se reunió en Binghamton, Nueva York, con la esperanza de verla pasar, y no se quedaron con las ganas. Primero se veía como un puntito en el cielo, pero muy pronto se apreciaba su figura bien definida con el sol del atardecer.

De repente el aeroplano descendió bruscamente y
desapareció detrás de unos árboles.

—¡Se cayó! ¡Algo se descompuso!

291

Nada se había descompuesto. Ruth había decidido aterrizar, pues Nueva York quedaba todavía a dos horas de distancia y le sería imposible ver los instrumentos en la oscuridad. Amarró el avión a un árbol, se puso la falda y aceptó la hospitalidad de la gente del lugar.

A la mañana siguiente, Ruth continuó su vuelo.

Al aterrizar, ya la esperaban un general del ejército y una banda militar. Ruth se había convertido en heroína.

—¡Usted los superó a todos! —dijo el general mientras le estrechaba la mano.

Los diarios publicaron su proeza.

El presidente Woodrow Wilson dijo que era una persona admirable.

Y se ofreció un gran banquete en su honor.

El 19 de noviembre de 1916, Ruth Law fracasó en su intento de volar de Chicago a Nueva York en un solo día. Aun así, en Estados Unidos logró establecer una marca en vuelos sin escala: 590 millas. De esta forma asombró al país.

Su marca se mantuvo durante un año. Fue superada por Katherine Stinson, otra aviadora que se atrevió a intentarlo.

Piénsalo

1 ¿De qué manera asombró Ruth Law a los Estados Unidos?

2 ¿Cómo crees que se sentiría ser miembro del equipo de vuelo de Ruth Law?

3 ¿Qué habrá querido decir el autor al contar la historia de Ruth Law?

 Visita *The Learning Site*
www.harcourtschool.com/reading/spanish

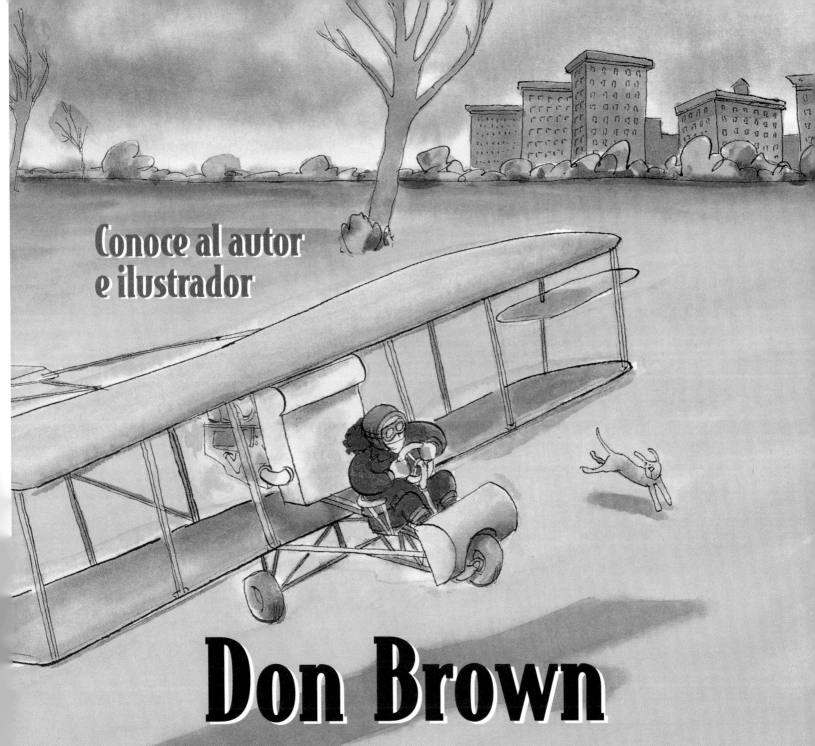

Conoce al autor e ilustrador

Don Brown

A Don Brown le encanta leer y escribir sobre temas de historia. Se interesó en los primeros aviadores cuando escribía un artículo acerca de la aviación para una revista. No quería que la gente olvidara a aquellos arriesgados pilotos, como Ruth Law. Éste es su primer libro infantil.

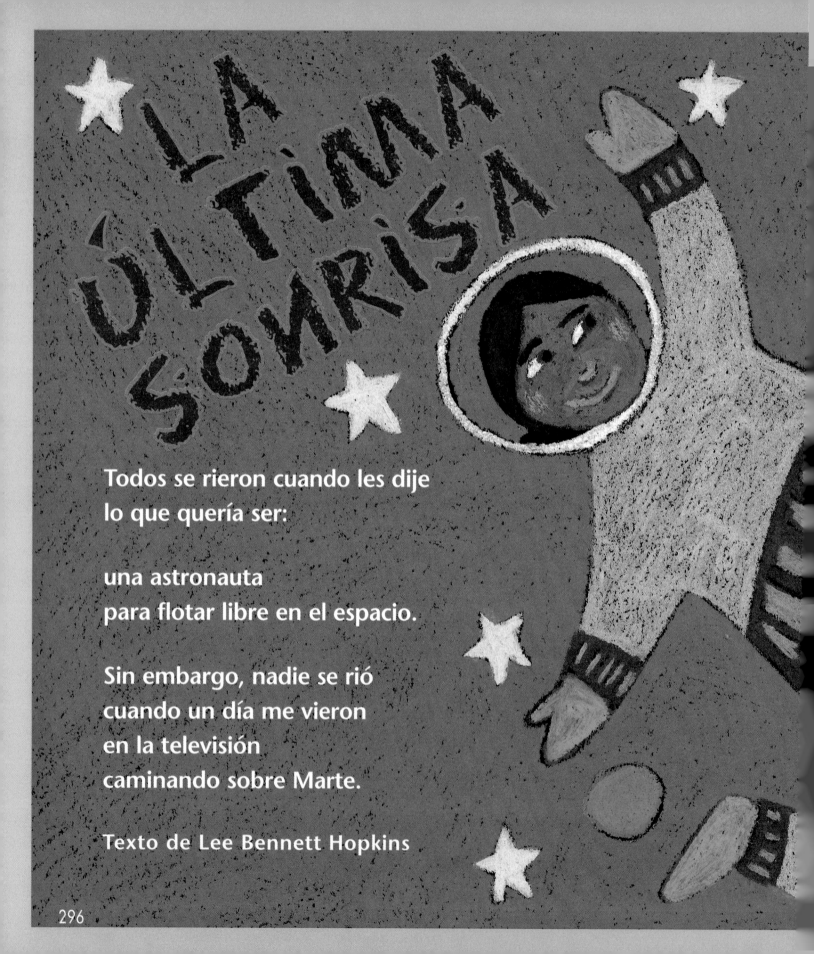

LA ÚLTIMA SONRISA

Todos se rieron cuando les dije
lo que quería ser:

una astronauta
para flotar libre en el espacio.

Sin embargo, nadie se rió
cuando un día me vieron
en la televisión
caminando sobre Marte.

Texto de Lee Bennett Hopkins

Ruth Law
y Katherine no
han sido las
únicas mujeres
que han
volado...

1921
Bessie Coleman

1932
Amelia Earhart

1983
Sally Ride

1986
Jeana Yeager

1992
Mae Jemison

1998
Eileen Collins

Taller de actividades

¡Entérate de todo!

Escribe un reportaje

Imagínate que trabajas como reportero de un periódico. Escribe una nota sobre el vuelo de Ruth Law.

1. Piensa en lo que podrías preguntarle a Ruth Law antes y después del viaje. Haz una lista de preguntas que empiecen con las palabras *quién, qué, dónde, cuándo, cómo* y *por qué*.

2. Escribe tu historia. No olvides incluir el encabezado.

3. Publica tu reportaje.

Heroína de la aviación

Primera mujer piloto que vuela de Chicago a Nueva York en un solo día

NUEVA YORK -10 de Noviembre de 1917. Ruth Law, originaria de Chicago, voló en su biplano desde esa ciudad, aterrizando en la ciudad de Nueva York al compás de una banda militar que la recibió con una tonada de bienvenida. La hazaña de la señora Law fue presenciada por un alto funcionario militar, quien después de darle la bienvenida, comentó emocionado ¡Usted es simplemente la mejor!

Aunque el presidente de Estados Unidos Woodrow Wilson no estuvo presente en el acto, envió sus saludos a la señora Law, a quien calificó como heroína nacional, resaltando su excepcional hazaña. Más tarde se realizó una gran fiesta en honor de Ruth Law, quien recibió la felicitación de docenas de importantes personalidades.

Desde hace algún tiempo, Ruth Law tenía la idea de volar de Chicago a Nueva York en menos de 24 horas. El día de la hazaña, Ruth Law partió de Grant Park, Chicago a las 7:20 a.m. y después de recorrer 590 millas a una velocidad de 100 millas por hora, aterrizó en Hornell, Nueva York para reabastecerse de combustible y tomar un almuerzo ligero. A las 3:20 p.m., Ruth Law reinició su viaje hacia Nueva York.

Al llegar el ocaso, Ruth Law se encontraba muy cerca de Binghamton, Nueva York. Al darse cuenta de la dificultad para leer sus instrumentos debido a la falta de luz, la señora Law decidió descender y continuar su vuelo al día siguiente. Esta fue la última parada del

Ruth Law realiza un aterrizaje de emergencia al agotarse el combustible de su avión.

Ruth Law toma un almuerzo ligero en Hornell, Nueva York mientras su avión es reabastecido de combustible.

Ruth Law es recibida con una gran fiesta en honor

Poemas de Ruth Law

Escribe un poema

Imagínate que eres Ruth Law. ¿Qué pensarías si intentaras cruzar el país en un avión? Escribe un poema que exprese lo que sintió Ruth Law después de una aventura como ésta. Comparte el poema con tus compañeros.

299

El arco iris

Texto de María De los Angeles Cabiedes . Ilustraciones de Carolina Kerlow

300

Un día, al regresar de la escuela, Luci le preguntó a su abuelita: —Abuelita, ¿cómo se forma el arco iris?

La abuela, que descansaba balanceándose en su mecedora, se quedó asombrada por la pregunta de su nieta y no supo qué contestar.

—¿El arco iris? —replicó la abuela un tanto balbuceante—. No sé cómo se hace ni cómo nace, hijita, sólo sé que aparece en el cielo cuando llueve. Es una obra de la naturaleza que nos alegra los días lluviosos.

Luci no quedó conforme con la respuesta, besó a la abuela y se fue aún con la duda acerca de cómo se forma el arco iris.

Anteriormente había conversado acerca
del tema con Fernando, su amigo y compañero
de clases. Aunque él sabía mucho, pues era el
alumno más aplicado del salón, en esta ocasión
no supo responder su pregunta, por lo que
le sugirió consultar a su tío Benito.

Benito es hermano de la mamá de Luci. Es pintor y tiene su estudio en la planta baja de su casa, al lado de la biblioteca; ahí nadie entra excepto la abuela cuando le lleva de comer.

Luci llegó a la casa y se dirigió a la biblioteca, tocó la puerta y enseguida el tío Benito asomó la cabeza, algo despeinado, con su bata llena de manchas multicolores y un pincel atravesado en la boca. Sonrió al ver a Luci y ésta, sin más ni más, le soltó la pregunta:

—Tío Benito, ¿cómo se forma el arco iris?

—¡Ahhhh! —exclamó el tío, al mismo tiempo que por su mente cruzó la idea de que su sobrina podría ser una gran pintora. Inmediatamente la hizo pasar, la sentó frente a un lienzo de tela blanca, le entregó una paleta llena de pintura y le colocó en su manita un pincel. Luego empezó a hablarle de cosas muy extrañas, a la vez que le tomaba la mano que sujetaba el pincel y la hacía formar manchones de pintura sobre la tela.

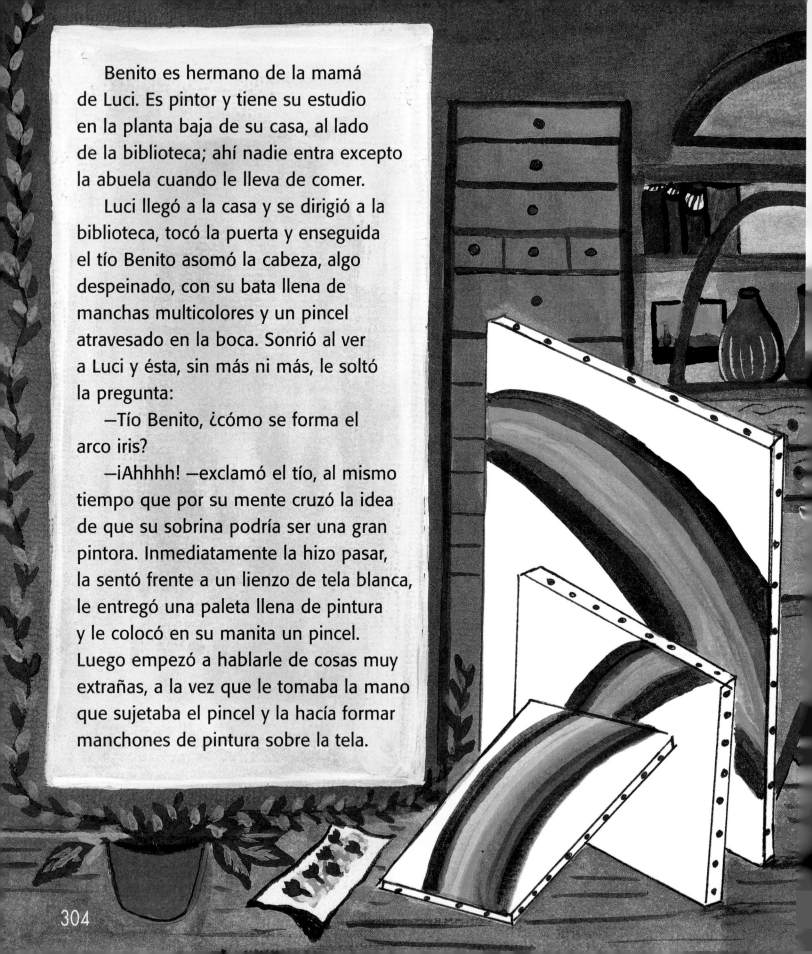

304

—Esto no responde mi pregunta —protestó Luci—. Y se fue dejando nuevamente solo y asombrado al tío Benito, que tampoco supo contestarle cómo se forma el arco iris.

Después, Luci se dirigió al jardinero y le hizo la misma pregunta. El jardinero, que recogía las hojas, le contestó que el arco iris se formaba uniendo en el cielo todas las flores. Aunque le gustó la respuesta, no era lo que ella esperaba.

Luego, al pasar por la cocina, Luci pensó que
Esther, la cocinera, sí iba a poder explicarle cómo
se forma el arco iris, pero ella, ocupada en sus
labores, sólo le dio un pastelillo.

—Alguien tiene que ayudarme —pensó Luci—.
Sólo me falta el abuelo. ¡Claro! Él sí podrá ayudarme.

Al llegar a la sala se encontró al abuelo que leía el periódico. El abuelo siempre está sonriendo. La mamá de Luci discute mucho con él porque dice que trabaja demasiado para su edad.

Lo que más le gusta al abuelo son los caramelos; siempre trae algunos en los bolsillos del pantalón. Al verlo, Luci le preguntó:

—Abuelo, ¿cómo se forma el arco iris?

—El arco iris se formó cuando nació tu mamá, y cada uno de los colores que lo forman representa a los miembros de la familia y como tú eres la más chiquita, te tocó un color clarito, que casi no se ve, porque fuiste la última en nacer —contestó el abuelo.

—Mmmm… ¡Qué gracioso es el abuelo! —pensó Luci.

Aun con esta simpática respuesta, Luci tampoco quedó conforme, por lo que decidió esperar a su papá.

En cuanto llegó de trabajar, Luci se paró a su lado y le dijo:

—¡Papá, yo quiero saber cómo se forma el arco iris!

El papá de Luci, asombrado por lo intempestivo de la pregunta de su hija, la sentó en sus piernas y le dijo:

—El arco iris es un abanico de colores que se forma en el cielo cuando llueve y se produce cuando los rayos del sol atraviesan las gotas de lluvia que caen del cielo. Por eso, en el arco iris se forman siete colores, que son: violeta, azul turquí, azul, verde, amarillo, anaranjado y rojo.

También debes saber que el arco iris no sólo
se forma en el cielo, sino también en las cascadas,
como un regalo de la naturaleza para nuestros ojos.

—¡Cómo sabe papá! —pensó Luci, asombrada
por la respuesta.

Luci se fue a dormir, y mientras su mamá
la arropaba le contó lo que le había dicho
su papá. Su madre, al escucharla, la sentó
a su lado y le dijo de manera amorosa:

—Esa respuesta me parece muy buena,
pero el arco iris también es como un cofre
donde están los sueños de todos los niños,
por lo que nada más tienes que cerrar los ojos
e imaginar que uno de esos hermosos sueños
viene y se posa en tu cabecita…

La mamá de Luci no pudo terminar de hablar, pues la niña se había dormido y en sus sueños imaginó un hermoso arco iris que se posaba sobre su cabeza.

Piénsalo

1 ¿Por qué crees que Luci quería saber cómo se formaba el arco iris?

2 De todas las explicaciones que le dieron a Luci, ¿cuál te parece verdadera? ¿Por qué?

3 Explica con tus propias palabras la respuesta del padre de Luci.

Taller de

Arco iris de opiniones

ESCRIBE UN CUENTO

En "El arco iris" Luci quiere saber cómo se forma el arco iris. Imagina que la pregunta de Luci es: ¿Cómo se forma una estrella fugaz? ¿Tú qué le contestarías?

Escribe un cuento donde tú le respondas a Luci cómo se forma una estrella fugaz. Recuerda darle un título a tu cuento y poner tu firma.

actividades

¿Adónde se fue el arco iris?

HAZ UN ARCO IRIS

Ahora Luci ya sabe que el arco iris no sólo se forma en el cielo, sino en cualquier lugar donde haya agua y luz. ¿Quieres formar un arco iris?

Toma un vaso de vidrio y llénalo de agua. Hazlo con mucho cuidado.

Coloca el vaso en un lugar donde dé directamente la luz del sol; puede ser en una ventana o una barda.

Coloca una hoja blanca debajo del vaso.

¡Y ahora observa! ¡Sobre el papel verás reflejado un pequeño arco iris!

CONCLUSIÓN DEL TEMA

Un diario de aventuras

ANALIZA LOS PERSONAJES

Algunos personajes de este tema viven emocionantes aventuras. Imagínate que eres uno de ellos y anota tus aventuras en un diario. ¿Qué hubiera escrito Monterino después de que se lo tragó el pez? ¿Qué hubiera escrito Ruth Law luego de completar su vuelo? Muestra tu diario a tus compañeros.

¡Quisiera que estuvieras aquí!

HAZ UNA POSTAL Elige alguno de los escenarios que quisieras visitar y después haz una postal. En una hoja, dibújate en dicho escenario. En la otra cara de la hoja describe el lugar para que lo lea uno de tus compañeros. Envía la postal. Explica por qué elegiste ese lugar.

Círculo literario

COMENTA UN CUENTO

Reúnete con algunos de tus compañeros para comentar los cuentos de este tema. Cada quien deberá leer una parte de su cuento favorito y explicar por qué le gustó esa parte.

Uso del glosario

¡Conócelo!

El **Glosario** presenta el significado de algunas palabras, tal como se usan en los cuentos. El glosario también contiene enunciados que ejemplifican el uso de tales palabras. El ejemplo puede mostrar un **sinónimo** (una palabra que tiene el mismo significado) o una **palabra base** (la palabra de la cual se derivan otras). El contenido de un **glosario** siempre se presenta en **orden alfabético**.

¡Aprende a usarlo!

Si deseas encontrar la palabra *océanos* en el **Glosario**, primero busca la letra **O**, porque ésa es la letra con que inicia esta palabra. Como la **O** está casi a la mitad del abecedario, las palabras que inician con **O** deben estar casi a la mitad del **Glosario**. Si observas las palabras guía al inicio de las páginas, te será más fácil localizar la palabra que buscas.

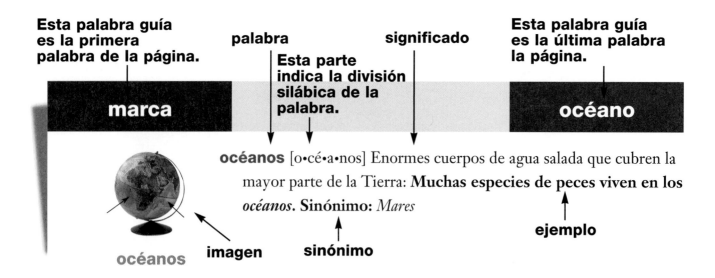

Esta palabra guía es la primera palabra de la página.

palabra

significado

Esta palabra guía es la última palabra la página.

Esta parte indica la división silábica de la palabra.

marca

océano

océanos [o•cé•a•nos] Enormes cuerpos de agua salada que cubren la mayor parte de la Tierra: **Muchas especies de peces viven en los** *océanos*. **Sinónimo:** *Mares*

océanos

imagen

sinónimo

ejemplo

apacible [a•pa•ci•ble] Tranquilo y agradable: **Su casa es un lugar**
apacible **para descansar.**

asombró [a•som•bró] Causó admiración y extrañeza: **No me**
asombró **tu disfraz.** Asombrar, asombrado, asombrando.

atendida [a•ten•di•da] Despachada, servida en una tienda: **¿Ya ha**
sido *atendida***?** Atiendo, atender, atendiendo.

aterrizar [a•te•rri•zar] Bajar a la tierra un avión u otro vehículo que
vuela: **El piloto tuvo que** *aterrizar* **por una avería en el motor.**
Aterriza, aterrizado, aterrizando.

aventuró [a•ven•tu•ró] Arriesgó, puso en peligro: **El grupo de**
alpinistas se *aventuró* **a llegar a la cima.** Aventurar, aventurado,
aventurando.

apacible

brisa [bri•sa] Viento suave: **En la playa se siente una** *brisa*
agradable.

buscarla [bus•car•la] Intentar encontrarla: **¿Dónde dejaste tu**
cartera? Tienes que *buscarla***.** Buscar, buscado, buscando.

317

cacharros [ca•cha•rros] Trasto viejo: **Mi mamá tiene muchos** *cacharros* **guardados.**

cambio [cam•bio] Doy una cosa a cambio de otra: **Te** *cambio* **tu helado de fresa por uno de vainilla.** Cambiar, cambiado, cambiando.

cesta [ces•ta] Canasta de mimbre: **Cuando vayas al supermercado, llévate la** *cesta*.

colores [co•lo•res] Una característica de las cosas, que se ve; se produce porque los rayos de luz se reflejan en ellas: **Cuando el sol se está ocultando el cielo se ve de** *colores*: **naranja, dorado y rosa.**

comilón [co•mi•lón] Que come mucho: **Si sigues de** *comilón* **te vas a enfermar del estómago.** *Sin.* glotón, goloso.

compartía [com•par•tí•a] Repartía entre varias personas: **En el recreo** *compartía* **su sándwich con sus amigos.** Compartir, compartido, compartiendo.

contemplándola [con•tem•plán•do•la] Mirándola con atención: **El papá se sentó junto a su bebita,** *contemplándola*. **Contemplar, contemplado, contemplando.**

copos [co•pos] Gotas de nieve: **¡Mira cómo los** *copos* **caen sobre el árbol!**

cordoncito [cor•don•ci•to] Cuerda muy fina: **Alejandro compró un** *cordoncito* **para su trompo.**

cuaderno [cua•der•no] Especie de libro con las hojas en blanco para escribir o dibujar: **Tengo un** *cuaderno* **en donde escribo mi diario.**

cuidador [cui•da•dor] Persona que cuida un lugar o una cosa: **Mi tío trabaja como** *cuidador* **del estacionamiento.**

charro [cha•rro] Jinete mexicano que maneja caballos; usa un sombrero grande y un traje bordado: **El muchacho que está cantando viste de** *charro*.

derrotada [de•rro•ta•da] Vencida por un contrario: **Fui** *derrotada* **por Claudia en el partido de tenis.**

detectives [de•tec•ti•ves] Personas parecidas a los policías que intentan descubrir alguna cosa: **Los** *detectives* **investigaban quién había robado el banco.**

dibujar [di•bu•jar] Representar una cosa con trazos de lápiz: **A algunos niños les gusta** *dibujar* **con creyones.** Dibujar, dibujado, dibujando.

319

discutieron [dis•cu•tie•ron] Examinaron entre varios un asunto: **Los niños *discutieron* cómo iban a armar el rompecabezas.** Discutir, discutido, discutiendo.

duda [du•da] Lo que no se entiende bien y necesita una explicación: **El maestro preguntó si teníamos alguna *duda*.**

emocionante [e•mo•cio•nan•te] Que produce una sensación muy fuerte en el ánimo: **Jugar con mi primo es *emocionante*.**

escabulló [es•ca•bu•lló] Consiguió salir de un peligro o de algún problema: **El ratón se *escabulló* por el agujero de la puerta.** *Sin.* Huir. Escabullirse, excabullido, escabullendo.

establecer [es•ta•ble•cer] Hacer que algo exista: **El atleta quiere *establecer* una nueva marca.** Establezco, establecido, estableciendo.

estalactitas [es•ta•lac•ti•tas] Bloque que cuelga del techo de las cuevas y termina en una punta hacia abajo: **En esa gruta hay *estalactitas* enormes.**

estanque [es•tan•que] Lugar en el que hay agua detenida: **En el jardín hay un *estanque* con patos.**

exclamó [ex•cla•mó] Decir algo con fuerza: **El grupo *exclamó* de felicidad.**

emocionante

320

faros [fa•ros] Torres altas que están en la costa y que en las noches indican con una luz el camino a los barcos: **Por las luces de los** *faros* **sabrás dónde está el puerto.**

fila [fi•la] Conjunto de personas o cosas colocadas en línea: **¡Qué** *fila* **hay para comprar los juguetes!** *Sin.* hilera, cola.

fortuna [for•tu•na] Buena suerte y dinero: **Has tenido** *fortuna* **al ganar el viaje a la playa.**

fortuna

ganas [ga•nas] Deseo de algo: **Tengo** *ganas* **de bailar.**

gemelo [ge•me•lo] Que son casi iguales: **Mi tío es hermano** *gemelo* **de mi papá.**

genial [ge•nial] Algo que es muy bueno: **La idea que tuviste me pareció** *genial*.

gusto [gus•to] Sensación agradable que se tiene cuando algo satisface mucho: **Da** *gusto* **ver a la familia reunida.** *Sin.* agrado

ganas

inflé [in•flé] Llenar algo con aire o con otra cosa: *Inflé* **la llanta de mi bicicleta.** Inflar, inflado, inflando.

321

información [in•for•ma•ción] Datos sobre alguna cosa: **Necesito** *información* **sobre la vida de los topos.**

inundada [i•nun•da•da] Cubierta con agua: **La casa de mi perro está** *inundada*. Inundas, inundar, inundando.

jaripeo [ja•ri•pe•o] Fiesta charra en la que se montan caballos y se hacen destrezas con la reata: **En el** *jaripeo* **los charros demostraron su valentía.**

jugar [ju•gar] Hacer algo para divertirse: *Jugar* **entretiene mucho a los niños.** Juegas, jugado, jugando.

jugar

locas [lo•cas] Muy grandes y muy fuertes: **Tengo unas ansias** *locas* **de que llegue la primavera.**

madriguera [ma•dri•gue•ra] Agujero bajo la tierra en el que viven algunos animales: **El conejo tiene limpia su** *madriguera*.

mainato [mai•na•to] Pájaro originario de Asia que suele tenerse como mascota: **Mi tía tiene un** *mainato* **muy bonito.**

marca [mar·ca] Mejor resultado que se ha registrado en una actividad competitiva: **En los Juegos Olímpicos cada deportista trata de establecer una nueva *marca* mundial.**

migratorias [mi·gra·to·rias] Que viajan cada cierto tiempo: **Las golondrinas son aves *migratorias*.**

mundo [mun·do] Todo lo que existe: **¿Te gustaría dar la vuelta al *mundo* en un globo?**

naturaleza [na·tu·ra·le·za] Todo lo que existe en el universo y que no ha sido creado por el hombre: **Los ecologistas tratan de proteger la *naturaleza*.**

navegaban [na·ve·ga·ban] Viajaban en barco: **Los antiguos marinos *navegaban* en barcos de madera.** Navegar, navegado, navegando.

nubes [nu·bes] Vapor de agua que forma una masa blanca o gris en el cielo y que cuando se enfría cae en forma de lluvia: **Las *nubes* blancas parecen de algodón.**

naturaleza

océano [o·cé·a·no] Mar grande y extenso: **El *océano* Atlántico separa América de Europa.**

océano

ocupados [o•cu•pa•dos] Pasan el tiempo haciendo algo: **Mis padres están *ocupados* en sus trabajos hasta las seis de la tarde.** Ocupo, ocupar, ocupando.

parque [par•que] Lugar grande con plantas y árboles donde la gente descansa o se divierte: **En el *parque* que está cerca de la casa de Lucía hay columpios.**

pasean [pa•se•an] Caminar para hacer ejercicio o para distraerse: **Todas las tardes, los ancianos *pasean* por la plaza.** Pasear, paseado, paseando.

pedir [pe•dir] Rogar a alguien que dé lo que se necesita: **Para subir al tren, un hombre te va a *pedir* tu boleto.** Pido, pedido, pidiendo.

perejil [pe•re•jil] Planta verde que se usa para dar sabor a la comida: **Tienes que picar cebolla y *perejil* para preparar la salsa.**

preguntó [pre•gun•tó] Hizo preguntas, interrogó: **Pedro *preguntó* hoy al maestro todas sus dudas.** Preguntar, preguntado, preguntando.

pronuncia [pro•nun•cia] Se dice algo en voz alta. La *h* no se pronuncia. Pronunciar, pronunciado.

protegiendo [pro•te•gien•do] Defendiendo de daños y de peligros: **Los policías están *protegiendo* a los ciudadanos.** Protejo, proteger, protegido.

puerto [puer•to] Lugar junto al mar que sirve para que los barcos se queden ahí: **En el *puerto* los marineros descansan del viaje.**

pueblo [pue•blo] Lugar donde viven pocas personas: **Mis parientes viven en un *pueblo* que está cerca de la frontera.**

puerto

ramita [ra•mi•ta] Parte de una planta que nace del tronco y que tiene hojas: **La *ramita* del árbol tiene una flor.**

rancho [ran•cho] Granja grande: **Mis abuelos viven en un *rancho*.**

reata [re•a•ta] Cuerda de fibra que se usa para atar: **Mi tío colgó una *reata* del árbol para hacer un columpio.**

rancho

refrescante [re•fres•can•te] Que produce sensación de frío: **Cuando hace calor, se antoja beber algo *refrescante*.**

resolver [re•sol•ver] Encontrar la solución correcta para algo: **¿En cuánto tiempo puedes *resolver* este problema de matemáticas?** Resuelvo, resuelto, resolviendo.

respuesta [res•pues•ta] Lo que contesta a una pregunta: **Dime la *respuesta* de esta adivinanza.**

saben [sa•ben] Conocen una cosa: **¿*Saben* cuál es la capital de Argentina?** Saber, sabido, sabiendo.

secreto [se•cre•to] Lo que sólo una o pocas personas saben y no lo dicen a los demás: **¿Te digo un *secreto*, pero no se lo cuentes a nadie?**

tradición [tra•di•ción] Costumbres e ideas que se conservan a lo largo del tiempo: **Cenar chocolate y pan es una *tradición* que mi abuela nos enseñó.**

tren [tren] Vehículo formado por varios vagones que avanza sobre vías: **Prefiero viajar en *tren* que en autobús.**

vacía [va•cía] Que no tiene nada en su interior: **La lata está *vacía*; no quedó ni una sola gota de jugo.**

vendes [ven•des] Das algo a cambio de dinero: **¿Me *vendes* un caramelo?** Vender, vendido, vendiendo.

viaje [via•je] Ida de un lugar a otro lugar lejano: **El *viaje* que más recuerdo es el que hicimos a las montañas.**

vendes

Índice *de* autores

Los números en color indican la página que contiene más información sobre el autor.

Brown, Don, 278, 295

Cabiedes, María de los Ángeles, 300

Cooper, Martha, 198, 213

Fernández, Laura, 166

Ferro, Beatriz, 28

Fierro, Merari, 14, 23

Gordon, Ginger, 198, 213

Himmelman, John, 224, 237

James, Simon, 48, 69

Joma, 258

Leñero, Vicente, 74, 96

Pettersson, Aline, 242

Poydar, Nancy, 100, 115

Takeshita, Fumiko, 128, 143

West, Tracey, 146, 161

Acknowledgments

For permission to translate/reprint copyrighted material, grateful acknowledgment is made to the following sources:

Altea, Taurus, Alfaguara, S.A.: Cover illustration from *Cuando los borregos no pueden dormir* by Satoshi Kitamura. © 1986 by Satoshi Kitamura; © 1986 by Ediciones Altea; © 1988 by Altea, Taurus, Alfaguara, S.A.

Curtis Brown, Ltd.: "Last Laugh" from *Blast Off: Poems About Space* by Lee Bennett Hopkins. Text copyright © 1974 by Lee Bennett Hopkins. Published by HarperCollins Publishers.

Candlewick Press Inc., Cambridge, MA: *Dear Mr. Blueberry* by Simon James. Copyright © 1991 by Simon James.

Children's Television Workshop, New York, NY: From "Cool It!" by Lynn O'Donnell in *3-2-1 Contact* Magazine, July/August 1997. Text copyright 1997 by Children's Television Workshop. Adapted from "Birds Do It! Recycle!" in *Kid City* Magazine, April 1995. Text © 1995 by Children's Television Workshop.

CIDCLI, S.C.: *El cordoncito* by Vicente Leñero. Text © by CIDCLI, SC; text © by Vicente Leñero.

Clarion Books/Houghton Mifflin Company: *Anthony Reynoso: Born to Rope* by Martha Cooper and Ginger Gordon. Text copyright © 1996 by Ginger Gordon; photographs copyright © 1996 by Martha Cooper.

Dutton Children's Books, a division of Penguin Putnam Inc.: Cover illustration by Elisa Kleven from *La isla* by Arthur Dorros. Illustration copyright © 1995 by Elisa Kleven.

Ediciones Corunda, S.A. de C.V.: *El secreto de Perejil* by Laura Fernández. Text © 1990 by Ediciones Corunda, S.A. de C.V. *Renata y su gato* by Aline Pettersson. Text © 1996 by Ediciones Corunda, S.A. de C.V.

Ediciones Ekaré: Cover illustration by Julie Vivas from *Guillermo Jorge Manuel José* by Mem Fox, illustrated by Julie Vivas. Illustration © 1996 by Julie Vivas.

Ediciones SM: *Camilón, comilón* by Ana María Machado. Text © 1989 by Ediciones SM; text © 1987 by Ana María Machado; text © by Sistemas Técnicos de edición, S.A. de C.V.; text © by Consejo Nacional de Fomento Educativo. *Un viaje fantástico* by Joma. Text © 1991 by Josep Maria Ruis; text © by Ediciones SM.

Editorial Acanto, S.A.: *Querido Greenpeace* (Retitled: "Querido Sr. Arándano") by Simon James. Text copyright © 1991 by Simon James. Originally published by Walker Books, London.

Editorial Patria S.A. de C.V.: *El arco iris* by Maria de los Ángeles Cabiedes. Text copyright © 1994 by Editorial Patria S.A. de C.V. ISBN 968-39-1187-0.

Editorial Trillas, S.A. de C.V.: "Los locas ganas de imaginar" by Beatriz Ferro from *Cuentacuentos*, selected by Esther Jacob. Text © 1989 by Editorial Trillas, S.A. de C.V.

Kane/Miller Book Publishers: *The Park Bench* by Fumiko Takeshita, illustrated by Mamoru Suzuki. Copyright © by Fumiko Takeshita/Mamoru Suzuki; American text copyright © 1988 by Kane/Miller Book Publishers.

Laredo Publishing Company, Inc.: Cover illustration by Pablo Torrecilla from *Pin, pin sarabín* by Alma Flor Ada. Illustration copyright © 1995 by Laredo Publishing Co. Inc. Cover illustration from *El príncipe de las ranas* by Viví Escrivá. Copyright © 1995 by Victoria Escrivá.

Lectorum Publicaitons, Inc.: Cover illustration by Lulu Delacre from *Los zapaticos de Rosa* by José Martí. Illustration copyright © 1997 by Lulu Delacre; © 1997 by Editorial Everest, S.A.

Margaret K. McElderry Books, Simon & Schuster Children's Publishing Division: *Cool Ali* by Nancy Poydar. Copyright © 1996 by Nancy Poydar.

The Miller Agency: *Ruth Law Thrills a Nation* by Don Brown. Copyright © 1993 by Don Brown. Published by Houghton Mifflin Company.

Orbis-Plaza Joven: Cover illustration by María Cristina Brusca from *Bisa vuela* by María Elena Walsh. Illustration copyright © 1985 by Hyspamérica Ediciones Argentina, S.A.; © 1986 by Plaza Joven, S.A.-Orbis, S.A.

Santillana Publishing Company, Inc.: Cover illustration by Vivi Escrivá from *La hamaca de la vaca o Un amigo más* by Alma Flor Ada. Copyright © 1991 by Santillana Publishing Co., Inc.

Stewart, Tabori & Chang, Publishers: Cover illustration from *Martí y el mango* by Daniel Moreton, translation by Guillermo Gutiérrez. Copyright © 1993 by Daniel Moreton.

Viking Penguin, a division of Penguin Putnam Inc.: *Montigue On the High Seas* by John Himmelman. Copyright © 1988 by John Himmelman.

Photo Credits

Key: (t)=top, (b)=bottom, (c)=center, (l)=left, (r)=right
Courtesy, Walker Books, 79; Pamela Zilly / The Image Bank, 126 ;G.C. Kelly/FPG, 127(t); Jim Cummins/FPG, 127(c); Jeffrey Sylvester/FPG, 127(b); Rod Planck/ Photo Researchers, 128(t); Anthony Merceca/Photo Researchers, 128(c); John Cancalosi/Tom Stack & Associates, 128(b); John Gerlach/Tom Stack & Associates, 129(l); Renee Lynn/Photo Researchers, 129(r); Mike Woodside, 171(r); Roger Wilmshurst/Bruce Coleman, Inc., 172(t); (sky) Joseph Nettis/Photo Researchers, 172(b); (boy) Jade Albert, 172(b); Martha Cooper, 220-234; Jim Norman, 235(l); Martha Cooper, 235(r); Kindra Clineff/The Picture Cube, 366(b); Stephen J. Krasemann/Photo Researchers, 367(t); The Stock Market, 367(b); Daniel J. Cox/ Tony Stone Images, 368(t); Joseph Nettis/Stock, Boston, 368(b); Jose Fuste Rada/ The Stock Market, 369(t); Herb Schmitz / Tony Stone Images, 369(b); Spencer Swanger/Tom Stack & Associates, 370; Ronald W. Weir/The Stock Market, 371(t); Ken Martin/Visuals Unlimited, 371(b); D.R. Stocklein/The Stock Market, 372; Charles Krebs/The Stock Market, 373(t); Claude Charlier/The Stock Market, 373(b).
All other photos by Harcourt Brace:
Peter Finge /Black Star, Chuck Kneyse/Black Star, Rick Friedman/Black Star, Walt Chrynwski/Black Star, Mark Derse/Black Star, Tom Sobolik/Black Star, Peter Silvia/Black Star, Joseph Rupp/Black Star, Dale Higgins, Ron Kunzman, Ken Kenzie, Victoria Bowen, Terry Sinclair.

Illustration Credits

Diane Greenseid, Cover Art; Gary Taxali, 2-3, 10-11, 12-13, 132-133; Will Terry, 4-5, 134-135, 136-137, 240-241; Jennifer Beck-Harris, 6-7, 242-243, 244-245, 362-363; Steven Kellogg, 14-31, 34-35; Simms Tabak, 32-33; Mark Teague, 36-53, 54-55; Dave Herrick, 56-57; Simon James, 58-79, 82-83; Michael Maydak, 80-81; Ken Raney, 84-105, 106-107; Katy Farmer, 108-109; Nancy Poydar, 110-125, 126-127; Mamoru Suzuki, 138-153, 154-155; Mary GrandPre, 156-171, 174-175; Mari Sabina Russo, 176-193, 194-195; Billy Davis, 196-197, 238-239; Brian Pinkney, 198-217, 218-219; Ginger Gordon, 220-235, 236-237; John Himmelman, 246-259, 260-261; Cathy Bennett, 262-263; Marc Brown, 264-283, 286-287; Nancy Davis, 284-285; Elisa Kleven, 288-307, 308-309; Tuko Fujisaki, 310-311; Don Brown, 312-329, 332-333; Nancy Coffelt, 330-331; Loreen Leedy, 334-357, 360-361; Holly Cooper, 367, 368, 369, 372